武汉大学中国语言（方言）资源保护传承与开发应用学术团队成果

音节结构与方言分组

——鄂东南方言的个案研究

李 佳 著

中 华 书 局

图书在版编目(CIP)数据

音节结构与方言分组:鄂东南方言的个案研究/李佳著. —北
京:中华书局,2017.6
ISBN 978-7-101-12359-3

Ⅰ.音… Ⅱ.李… Ⅲ.赣语-方言研究-湖北 Ⅳ.H175

中国版本图书馆 CIP 数据核字(2016)第 295094 号

书　　名	音节结构与方言分组——鄂东南方言的个案研究	
著　　者	李　佳	
责任编辑	张　可	
出版发行	中华书局	
	(北京市丰台区太平桥西里 38 号　100073)	
	http://www.zhbc.com.cn	
	E-mail:zhbc@zhbc.com.cn	
印　　刷	北京瑞古冠中印刷厂	
版　　次	2017 年 6 月北京第 1 版	
	2017 年 6 月北京第 1 次印刷	
规　　格	开本/700×1000 毫米　1/16	
	印张 12½　插页 2　字数 158 千字	
印　　数	1-1500 册	
国际书号	ISBN 978-7-101-12359-3	
定　　价	46.00 元	

目　录

序

　　这本书的基础是李佳的博士论文。从硕士到博士,李佳跟我整整七年!他的书稿付梓中华书局,真为他高兴。再次捧读,仍是当年的惊叹——文字简约,读来很舒服;信息量大、视野开阔,又不得不反复推敲才能跟上其思路。

　　本书所研究的鄂东南方言,地处鄂赣湘三省交界,内部分歧大,被学界公认为湘赣过渡方言或湘赣混合方言。研究这种方言,特别是其形成的历史,有相当的难度:鄂东南移民与湘赣两省人口的关系涉及多个历史时期,错综复杂;该地区方言与湘赣两大方言的关系,特别是不同历史时期与赣方言或湘方言的关系,变化过程和变化动因均有待分析。李佳的研究结合移民和方言的关系确定该区方言的源头及后期的演化和接触进程,从而离析出演化和接触两类性质不同的过程,并分析出两种过程中均存在人类语音普遍的类型学特征(音节结构类型)作用的主线:

　　第二章用一张表详细介绍了沙市以下荆江河段的发育过程、云梦泽的形成瓦解与洪湖的扩展,这些地理环境的变更与当前鄂东南地理上的相对封闭性、内部东西两片的分别、移民开发垸田的时间密切相关。再用一张大表具体说明了该区域历代行政区划变化、大规模移民及长期屯军等重要事件的时间,为鄂东南人群与赣人、湘人的关系梳理出了基本的线索。

　　第三章简单介绍鄂东南方言的声韵调,在前人研究的基础上重点分析其地域内部音系的分歧点和共同点,并粗线条地梳理出该区与湘、赣在声韵调上最主要的异同、这些异同所反映出的鄂东南方言的源头及历史深度。之所以要在研究甫始就做这样的梳理,是因为鄂东南方言声母和声调的历史探源相对简单:(1)声母属于全浊归次清的赣方言型,通山一地归全清其实只限于城关等极少数点,微母日母、知章庄、泥来等其他标准则无法用来确定鄂东南的源头是赣还是湘;(2)声调比湘赣都更为简单,但赣的声调可以直接地作为该区的源头,而湘则比较复杂,特别是入声除长沙一点之外均有派入阴声的后期演变,无法直接作为入声基本独立一调的鄂东南声调的源头。与声母声调不同,鄂东南地区韵母的区内分歧、与湘赣的异同及异同关系的历史深度相对复杂:(1)从韵尾看,区内分为两片:西南方向各点的各种韵尾保留较好(与北赣方言类似),而东北方向则韵尾有较多的弱化或脱落(与多数湘方言类似);(2)从主元音看,李佳在前人基础上,以《切韵》重韵是否合流和十六摄开合四等是否合流作为标准,总结出全国方言韵母合流时间深度的两个蕴含系列,用以为鄂东南方言韵母的历史时间深度定位:

　　①支脂有别(闽)⊃哈泰有别(吴、赣北、[鄂东南个别点])⊃覃谈有别(赣北、[鄂东南一半])⊃鱼虞有别(湘、赣其他、[鄂东南全部]);也即,以《切韵》重韵系为出发点,鄂东南有一半方言可探源到保留《切韵》重韵较多的北赣方言,早于十六摄,也早于湘方言。

　　②江摄近通(闽客)⊃三、四等有别(吴南)⊃豪肴有别(粤、赣北)⊃哈皆、寒山、曾梗有别(赣湘其他、[鄂东南几乎全部])⊃桓山有别(江淮、新湘)⊃果假、灰皆有别(其他官话)。也即,以宋代十六摄为出发点,可看出宋之后鄂东南在十六摄及开合四等的合流问题上的进展:比闽客、吴南、粤、赣北快,比新湘和官话慢,与赣湘其他基本同步。

　　通过这一章梳理,论文研究的主线得以确定:以不同韵尾的韵母为分类观察的对象,以宋十六摄系统为考察的起点,通过今赣湘两方言和鄂东南内部的多点比较,重建其共时差异所反映的历时变化过程,分析其变或不变的动因。

之后进入研究的主体,以十六摄为起点,分蟹假果(主元音为低的无尾与i尾韵)、遇效流(u尾与主元音为u的无尾韵)、前鼻尾韵、后鼻尾韵四大部分来讨论。四部分均先用一张表介绍通语变化,再描写赣方言各地的表现、湘方言各地的表现、鄂东南各点或近赣、或近湘的表现及内部分片的标准,之后重点分析其历时的变化过程及变或不变的动因。赣方言音系的基点是历史深度至少可探及宋代通语的CVC音节结构和主元音系统格局:赣方言完整保留了宋代通语的韵尾,各摄主元音因此不似湘方言那般链式高化,假二占据主元音系统格局的前低元音位置;与赣方言不同,湘方言则多为CV音节,韵尾普遍弱化或脱落,单元音的增多使得各摄主元音发生了平行的链式高化,蟹摄二等代替假二占据系统格局的前低元音位置,而假二被挤压到后低元音,在多数方言点还高化为o等后中元音。在赣湘对比的基础上再看鄂东南:鄂东南的西片方言直接承继了北赣的CVC音节结构和主元音格局;东片方言则虽然与湘方言一样有主元音平行高化链,但各主元音所辖字音却差距甚大,特别是入声字归属哪个主元音与湘方言完全不同。李佳指出,与西片不同,东片有在不同时期分别受外源和内源因素影响而引发的两次大的音系变化:第一大变化发生在宋代,该片在这一时期发生了音节CV化和多摄主元音的平行高化。这一变化是外源性因素引发的:北赣移民在所说赣方言的基础上,受原住民或周边方言中与湘相同的CV音节结构的感染而发生,从而使该片方言表层的韵母格局变得跟湘方言十分相似。但要注意的是,这种变化仅限于表层音系的"感染"而不是改变同源关系的"融合"或"替换",因为其字音分合关系仍与湘方言完全不同。第二个大变化是在宋之后的某个时期,已经CV化的音节,又因元音的平行高化、高或次高元音的高顶出位而重新出现CVC式音节(如i复化为ai),这一变化是音系自身的内源性调整造成的。

近几十年来赣、湘、鄂东南方言均各有相当全面的多点共时描写和相当深入的对比分析。李佳对已有的高水平研究有很好的辨别能力并真心尊重,不仅详细说明材料出处,而且尽量全面地介绍这些学者的对比分析,特别点出其中的亮点。但是,不同的研究有不同的主题和研究思路,如何把前人已有的高水平研究成果运用到另外的主题和思路中,体现出李佳的功力。李佳低调,但文中每张表的材料经他精心的重排,却是很好地贴合了他的研究主题和思路,显示出了新的价值。

李佳嘱我,多说不足,少说优点。我感到该研究的不足是:(1)自己田野调查得到的第一手材料偏少;(2)文字简约太过,表多而文字说明少,以致有些地方缺少为什么要列举某些材料的衔接。在第一段中我说"不得不反复推敲才能跟上其思路",其实不完全是赞语。

李佳寡言,却总能出我意料。2003年他读完华中师范大学本科来报考北大研究生时,好像还没有自己的主攻目标。硕士导师由教研室分配,我说了句"给我个男生吧",李佳就分给了我。那时我正忙于汉语韵律的研究,希望他主攻我的另一研究方向——历史语言学,却几乎无暇顾及他。后来发现,李佳真的十分适合并真心喜爱这个方向。他在湖北出生长大,却学会了粤方言、闽南方言和客家话;到北大后还选修了德语、法语、俄语、日语和梵语!他学南方方言有自己独特的方法,先从电台的港澳台粤闽客节目和粤语歌曲中学会很多单句,之后才到我这里来借记有粤闽客字音的方言调查字表去复印。这种方法使他能够在交际中听说这些方言(虽然不一定熟练),不像我只知道字音的对应规则但无法听说和交际。

我们教研室历史语言学的相关课程较多,比如徐通锵老师的语言学方法论,保亚的语言接触研究,王超贤的印欧比较语言学、类型学语料分析等等。特别是王超贤老师,除运用启发式教学,辅导学生从网上查找不同语言的资料,分析与汉语、英语类型完全不同的陌生语言之外,还在业余时间组织学生成立兴趣小组(印欧小组)开展科研,自费带领学生到首师大、南开等高校开展校际学术交流,带来了不求短期科研数据、只求从容享受科学新知的科研新风。李佳的研究视野和语料分析能力,很多是受惠于王超贤老师。

　　生于武汉的李佳从小就向往武汉大学,向往那里浓厚的人文气息和美丽的校园;所以当武汉大学中文系愿意提供他教员的岗位,他毫不犹豫就签约了。工作后我们还一直保持联系。他很努力,在武大不断地明显进步。本来我一直担心讲课会是他的弱项,但他通过精心制作电脑课件达到了很不错的课堂效果。除了中文系的教学工作,他还兼任教育部设在武大的中国语情与社会发展研究中心的工作。虽然对多种南方方言和多种外国语言饶有兴趣,但对于国家通用语的重要性,他在北大时期就多有理论上的关注,去武大后又做了一些新的思考。本书李佳的前言我很喜欢,它体现出一种不同于乡愁但同样深刻动人的家国情怀。

　　　　　　　　　　　　　　　　　　　　　　　王洪君
　　　　　　　　　　　　　　　　　　　2017年3月于承泽园

前　言

大凡对方言感兴趣的人,想必儿时都有着较为复杂的语言环境。以我自己为例,幼时方圆五公里范围内,聚集着钢铁、石化、发电、造船、建筑、机械、铁路、港口等不同行业来自全国各地的建设者。在工厂、机关、学校等公共场合,他们操着南腔北调的"地方普通话",书写着新中国工业史上浓墨重彩的一笔;在家庭、邻里、亲友等私人场合,他们又讲着各自的方言,演绎着一段段悲欢离合的故事。

在这一环境里长大的我,从小就有两个身份:一个是寄居南方的北方人,常常眼里凝望一江春水,心中却在幻想着那个天寒地冻的故乡;一个却又是土生土长的南方人,爱用脚步、单车去丈量这片青山秀水、鱼米之乡。这种复杂的情感带来了复杂的语言体验:作为前者,享受着前后鼻、平翘舌、鼻边音天生能分带来的优越感;而作为后者,却也天生充满了对南方方言的好奇心。

在那个终日与广播相伴的年代,将好奇心点燃的是相声、越剧、评弹以及后来的港台歌曲。印象最深的两段相声,一个是侯宝林先生的《戏曲与方言》,其中对南北方言惟妙惟肖的模仿,即使今天听来仍令人叫绝;一个是苏文茂先生的《宁波话》,其中对宁波话与音符关系的比拟看似笑谈,若干年后却启发着我博士论文的写作。20世纪八九十年代涌入内地的香港歌曲更是举不胜举,会唱几句广东话歌曲成为那时的时尚。

　　谁曾想,粤方言和吴方言这两种少年时代接触最多的东南方言,居然成为日后我观察汉语语音演变的两个窗口,因为它们的韵尾差异代表着汉语方言的两个极端:粤方言极繁而吴方言极简。直到接触了闽南方言,发现其居然繁简兼有,于是总想知道历史上到底发生了什么,才会形成这样的状况。当然,这里的"繁、简"都是就共时音值而言的,历时的音类还有着更为复杂的情况。

　　等我进入历史语言学的领域,才知道这种整齐划一的音变称为"条件式音变"。从人类语言演变的一般情况来看,"条件式音变"其实是一个常态,反映了音变发生时,由于不同言语社团在政治、经济、科技、文化等方面的水平差异,造成的全民性的、系统性的语言习得或语言排异。语言上的习得实际上是不同人群相互融合、彼此接纳的过程,漫漫历史长河,强制性的习得固然难免,但更多的是出于自发、自觉、自愿,通过语言的学习去追求更为美好的生活方式。而语言上的排异则是不同人群相互疏离、彼此切割的过程,微观上形成新的言语社团和人群身份,宏观上形成新的方言、语言和族群身份。这两类现象交织在人类社会的发展演进之中,形成了分分合合的滚滚洪流。

　　整齐划一是一种常态,参差错落同样是一种常态。同历史的发展类似,语言的演变其实最早起源于某个特定时空中的某个或某些特定个体,在一定条件下,这些个体所负载的演变动能如多米诺骨牌般四散开来,向更广阔的时空传递。在通讯落后的农业社会,传递的效率极低,可能要百年才能传递百十公里;更有可能在传递过程中,在某个地理空间、社会空间甚至语言系统内部能量就已消耗殆尽,从而留下残迹。因此可以认为,这类"离散式音变"是没有成功的"条件式音变"。另一方面,就像历史总免不了意外,在语言演化的洪流之中也总会出现一些涟漪,造成"每个词都有自己的历史",在今天的"自媒体"时代,这类离散式的语言演变几乎每天都在上演。

　　对于世界绝大多数言语社团而言,这两种模式大概足以解释其中千变万化的各类音变;而对于汉语社团而言,这两种模式虽然也普遍存在,但远非故事的全部。首先,汉语社团语言上"一音、一形、一义"的三位一体被方块字牢牢固化,成为跨越时空的精神纽带;其次,在各个大一统朝代,权威方言的字音通过文传教习进入各地方言,形成了一字两读、多读甚至声韵调混读的独特景观。这类"叠置式音变"完全不同于前两种演变模式,是汉语社团数千年来保持统一性与多样性并存的重要机制。此外,由于汉民族与周边少数民族的长期接触、融合,"语言联盟"在汉语发展史上也占有重要地位,是汉语语音区域特色的主要来源。

由于精力、能力所限,这本小书主要处理的仍是"条件式音变",对其他音变模式仅有零星涉及。我们相信,由于"条件式音变"规律性强、可控度高,即使对这一领域了解较少的读者,也能通过这一模式很快上手,为进一步理解"离散式音变"和"叠置式音变"打下基础。同以往研究相比,我们最重要的推进是将音节结构作为理解湘赣乃至整个东南方言音系差异的枢纽。对于纵贯整个中华民族历史的汉语方言而言,这个想法也许太过简单,也太过理想化,但从前人研究的种种迹象来看,似乎也不失为一个讨论的角度。

而这本小书以为个案的鄂东南地区,恰是湘、赣、官话三大方言的交汇之地,由是成为整个东南方言的西北顶点。在这里,南方与北方一衣带水、隔江相望。上溯千年,因其南北要冲的战略地位,岳飞练兵于此,留下"叹江山如故、千村寥落、何日请缨提锐旅、一鞭直渡清河洛"的壮志;上溯百年,因其丰富的矿藏,张之洞设铁厂,造枪炮、铁轨于此,对尚在稚年的中国铁路,许下"天下如一室、九州如指臂、七十万方里之地、皆其地也、四百兆之人、皆其人也"的宏愿。每当国家陷入危难之时,中华民族自立、自强的基因总会在这片土地显现,仁人志士南北一心、共仇敌忾,绘出多少可歌可泣的画卷。

方言之于这片土地,是延绵不断的历史,也是挥之不去的情愫。这种情愫有时很狭隘,狭隘到一念间山河依旧,而故人不再的伤感;这种情愫有时也很博大,博大到几代人吐故纳新、继往开来的气概。往者不可谏,来者犹可追。

希望这本小书对方言语音接触、历史方言格局演变的点滴思考,能对客观认识方言的形成与发展起到积极作用,让方言文化不为符号所累,真正成为维系家国情感、增进社会和谐的正能量。

南方和北方,他乡与故乡,这两个我人生中不断纠结的主题,其实仅仅来自我的祖辈年轻时一个简单的决定。跟当时千千万万有志青年一样,他们听从祖国的召唤,从林海雪原到茫茫戈壁,从雪域高原到万里海疆,哪里有需要就在哪里扎根,在哪里建功立业就把哪里当作故乡。他们当然也有纠结、也有思念,可他们却总把纠结埋在心底,把思念藏在一封封家书和最后那纸沉甸甸的电报里。

谨以此书,缅怀他们和他们的时代。

著者谨识

丙申八月于武昌

第一章　绪论

1.1　音节与音节结构

音节是上承韵律、下辖音段的枢纽性语音结构单位,其功用:

一曰切分。词是语流切分的习惯性单位,连续语流所以能解,词界之上须依靠语义、语用驱动的各类停延,词界之下则有赖于音节的切分。汉语术语称"音节","节"字即侧重于切分。

一曰配列。虽然同样遵循线性原则,词法、句法乃至语篇层面的配列是自主、可控的,而音段层面的配列则是不自主、下意识的。英语术语称syllable,源自希腊语συλλαβή,乃取词根lab-(抓、取)加前缀syn-(同、共)组成,本意偏重于配列。

音节与语素的关系是影响语言形态类型的重要参数,单音节的古典汉语是典型的孤立语,多音节的日语和俄语分别是典型的黏着语和屈折语。单音节不仅是东亚大陆语言的重要地域特征,也是汉语族内部同一性以及汉语族与壮侗、苗瑶语族发生外部关联的重要基础。

现代汉语方言缺乏复辅音,绝大多数方言不允许存在双韵尾,因此汉语的音节结构可用CGV(C/G)加以概括。声母、介音、主元音、韵尾四部分,不同方言各有差异,但最著者仍在韵尾一项。因此,本书的"音节结构"重点指韵尾。

1.2 方言分区与分组

语言之间呈现相似性,除了类型相似、拟声词以及极为罕见的偶然相似以外,大体上出于同源分化和地域接触两类,前者主"分",后者求"合";前者多以"谱系树"理论进行描摹,后者常用"语言联盟"观念加以概括,如表1-1所示。

表1-1 语言相似类型比较表

相似类型	同源相似	接触相似	其他相似
演变趋向	由合而分、相似程度走低	由分而合、相似程度升高	包括类型相似、理据相似、偶然相似等非历史性相似
理论模型	谱系树理论	波浪理论、语言联盟理论	
代表人物	Schleicher(施莱歇尔)Brugmann(布鲁格曼)	Schmidt(施密特)Trubetskoy(特鲁别茨柯依)	
代表学派	新语法学派	波恩学派,布拉格学派	
学科分野	语言发生	语言接触	

汉语方言的"分区"即由谱系树模式驱动,较为公认的标准是丁邦新(1982)提出的,以音变条件的早晚作为方言分区层级的标准。可以说,分区是20世纪汉语方言研究的中心问题,1989年《中国语言地图集(第一版)》的出版是其标志性成果。

然而,从20世纪60年代袁家骅编写《汉语方言概要》时最早将吴湘并提以来,汉语大方言之间屡屡出现两两并提的情况,其中既有长期以来存在系属争议的赣客、吴徽等方言,又有系属虽无争议但却存在较多深层次联系的吴闽、闽客、湘赣、粤赣等方言,以张光宇(1999)的梳理最为详备。我们以张文为基础,结合前人研究,列为表1-2。

表1-2　两两并提的方言分组

方言分组	分组标准（参考文献）	闽方言	徽方言	湘方言
以吴方言 为中心	匣母读舌根塞音	+	+	−
	中古舒声韵保留全浊声母（袁家骅1960）	−	−	+
	蟹假果摄向后链变（徐通锵1991）	−	+	+
方言分组	分组标准（参考文献）	粤方言	吴方言	湘方言
以赣方言 为中心	北赣分罩谈（王洪君1999）	−	+	−
	北赣分哈泰（王洪君1999）	−	+	+
	辅音韵尾三分	+	−	−
	微、日母和浊上变去同言线（项梦冰2007）	−	−	+

由于汉语存在文献参照、汉字基准，以上分组标准都或多或少地存在历时观照，没有纯粹的共时标准。以"辅音韵尾三分"为例，这一标准虽然最像共时的类型标准，但它却以《切韵》音系作为参照，其实仍是历时标准。另一方面，除吴方言和湘方言之外，所有两两并提的方言分组都存在现实的地理连续性。如果相信"赣方言冲断说"，吴湘方言显然也具有历史地理的连续性。因此，除了历史分化以外，以上分组考虑更多的还是地域相似性。

1.3　湘方言与赣方言

在诸多方言分组中，吴湘、吴闽方言关注程度最高。近年来，随着湘赣方言研究的深入，二者的紧密联系逐渐进入学界的视野。

湘赣关系的第一层含义，是其在全国大方言中的地位相近。项梦冰（2007）用古微母字今读m、古日母字今读n̩、古浊上字今读、是否有-m尾韵和"五"字今读五条同言线对汉语方言进行了宏观分组，其中前三条同言线恰好框定湘、赣两大中部方言。项文汉语方言分组优选方案中，中部方言属南而不属北，表明湘赣方言主体仍为南方方言，是南方方言中官话化程度最深的一类，即：

$$汉语 \begin{cases} 北方方言（北部方言，包括官话方言） \\ 南方方言 \begin{cases} 中部方言（包括湘、赣方言） \\ 南部方言（吴、闽、粤、客方言） \end{cases} \end{cases}$$

湘赣关系的第二层含义，是其历史音位的对当。湘赣方言的音系面貌差异较大，通过比较塞音、塞擦音发音方法对立项数这一共时标准，就能对其核心区方言加以明确认定。但除此之外，我们更多地看到，在比古全浊声母演变更为晚近的历史条件方面，如知章庄分混，泥来母、疑影母分混，非组晓组分混，送气分调等，湘赣方言在演变阶段上都颇为接近，李冬香（2007）对此进行了全面总结，我们摘录如表1-3。

表1-3　湘赣方言音韵共性

项　　目	联　　系
古全浊声母今读	湘鄂赣交界地区存在今读浊音
知三读t	一种仅知三读t、章组不读t，一种知三章都读t，湘赣方言都有反映
非组部分字读重唇	江西赣方言比湖南赣方言、湘方言辖字稍多
非敷奉母读x、h	湘赣方言普遍存在
鱼虞有别	江西赣方言多见"锯去渠鱼"，湖南赣方言及湘方言多见"去锯"
古全浊上	部分常用字湘赣方言都有仍读上声的点
送气分调	赣方言主要出现在平声、去声，湘方言则多见去声

对于中古全浊声母归并这一湘赣方言最重要的区分点，新近研究也有一些不同于以往的发现。陈晖（2006:39）指出，湘方言中古全浊声母清化后无论平仄都读不送气音的传统观点有失偏颇：

　　古全浊声母入声字清化后大多数读送气音，这一现象在湘方言中分布很广泛，不仅广泛存在于娄邵片及辰溆片，衡州片及长益片（长益片主要是口语常用字）的部分地点也存在这种现象。

湘方言与赣方言的音类接近、音值迥异，在韵母表现最为显著，往往同音关系大体一致，但却完全无法通话。这一音值差异的实质是什么？造成湘赣方言音类、音值互动关系的原因又是什么？我们认为，可以尝试从音节结构及音节结构的接触中寻找答案。

江西向湖南的移民有较为明确的历史记载，不仅方向、源地和目的地清晰，移民方式、土客对比等细节也有历史地理学家专门解读，后文将详加摘录。这里我们换位思维，对移民路径做一揣测。长江是连接江西、湖南两省的天然纽带，又分别与鄱阳、洞庭两大水系相连，自然可以建立"赣—鄱阳—长江—洞庭—湘"的水路通道。

陆路方面，幕府—罗霄山脉是江西、湖南两省的天然屏障，其间虽道路众多，但能提供大容量通过能力的大体上有南北中三条。横贯赣中、湘中的南昌—新余—宜春—萍乡—醴陵—长沙一线，连接江西、湖南两省核心区，是最为重要的湘赣通道，也是沪昆铁路、沪瑞高速两大干线的组成部分。赣南、湘南至今尚无干线相连，但吉安—井冈山—茶陵—安仁—衡阳一线，已确定为衡茶吉铁路的走行线。这两大交通线沿线的赣方言，都有一些不同于主体赣方言的特点。

赣北、湘北、鄂东南方向，除幕府山的若干垭口可供通行之外，最主要的仍是沿长江河谷的九江—阳新—鄂州—武昌一线，即武九铁路的走行线。该区域内的鄂东南方言即是"音类接近、音值迥异"特点的集中汇集。

1.4　章节安排

本书希望以音节结构作为切入点，从对鄂东南方言个案的研究中，思考湘

赣方言的深层联系,并探讨音节结构在方言分合中所扮演的角色,章节安排
如下:

（1）总结前人对鄂东南方言性质的研究——第二章;

（2）概括鄂东南方言声韵调的共时特点和历史定位——第三章;

（3）对照湘赣方言,梳理鄂东南方言韵母的主要音韵层次,对其演变进行
尝试性的解释——第四至七章;

（4）从音节结构角度,抽象概括湘赣方言韵母的本质差异,并对鄂东南方
言的性质提出自己的看法——第八、九章;

（5）对音节结构在方言分合中所扮演角色的尝试性讨论——第十章;

（6）结语——第十一章。

第二章　鄂东南方言的既往研究

　　方言分区虽然可以标准不一,但如果遵循严格意义上的语言学标准,方言区界跟行政区界往往会有至少百年数量级的延迟。按照最晚出的赣方言分区方案(谢留文2006),赣方言大通片包括十二个市县:阳新、大冶、通山、咸安、嘉鱼、蒲圻、崇阳、通城、监利等九县(市)属湖北,临湘、岳阳、华容等三县(市)属湖南,其中监利、临湘、岳阳仅限部分地区。

　　由于各方面条件的限制,本书仅以大通片的湖北部分作为考察对象,称为"鄂东南方言"。对其所辖地域的地名及行政归属状况,仍有三点须加以说明:

　　(1)阳新、大冶今属黄石市,而通山、咸安、嘉鱼、蒲圻、崇阳、通城六县(区)共同组成地级咸宁市,因此,我们称咸宁城区为咸安,以免上下位概念相混;

　　(2)蒲圻已于1996年改称赤壁(县级市),本书一仍其旧;

　　(3)监利属荆州市,在长江以北,本地称鄂南,今仍归入鄂东南区域讨论。但本地习称的鄂东南并不包括监利,为避免概念外延不一,我们姑且称其为江南八县。

　　本章首先利用已有资料,对鄂东南的区域概况做一整理、摘录,然后对鄂东南方言的既往研究进行回顾,着重分析前人对其性质的判定。

2.1 鄂东南的区域概况

2.1.1 鄂东南的地理环境

按照《湖北省志·地理志》(湖北省地方志编纂委员会1997:297—299)
的地貌区划方案,鄂东南九县分属两个地貌大区、四个地貌小区(如图2-1,据
国家基础地理信息中心底图绘制):

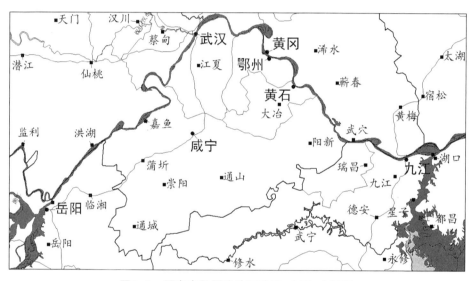

图2-1　鄂东南及周边地区政区、水系、交通图

I.　鄂西山地地貌大区

II.　鄂中平原地貌大区

　　II.3.　鄂南江汉湖积冲积平原地貌中区

　　II.3.B.　荆南长江水网湖沼平原地貌小区——监利

III. 鄂东低山丘陵地貌大区

  III.2. 鄂东长江河谷湖沼岗地平原地貌中区

    III.2.B. 鄂东长江南岸河谷湖沼岗地平原地貌小区

      ——武昌、鄂州、黄石

  III.3. 鄂东南幕阜山低山丘陵地貌中区

    III.3.B. 幕阜山北麓喀斯特化丘陵地貌小区

      ——咸安、嘉鱼、蒲圻、大冶、鄂州等地

    III.3.A. 幕阜山低山地貌小区

      ——通城、崇阳、通山、阳新各一部分

江南八县以及武昌、鄂州、黄石等地可以近似地看作是以南面的幕阜山为斜边、西北和东北面的长江为直角边的直角三角形,地貌类型可一分为三:

(1)最北的III.2.B,虽"岗丘、孤山所占面积的比重也较北岸平原上略大,地表结构比较复杂","但总的来说仍以湖积冲积平原为主,不失河谷平原本色"。该区域产业结构以重工业为主,人口较密集,方言归入西南官话武天片。

(2)其南部的III.3,"位于幕阜山及其北坡,东以鄱阳湖平原边缘为界,西以洞庭湖边缘为界,北以鄂东长江河谷平原为界,突立于鄂湘赣三省边界地区,是一个以丘陵为主的剥蚀侵蚀低山丘陵区"。III.3.A为幕阜山核心区,以农业为主;III.3.B则为幕阜山与长江河谷平原的过渡地带,矿产资源丰富。

(3)监利与江南八县的地貌类型相差较大,它与江汉平原历史及荆江(长江中游枝城至城陵矶段称荆江)河道演变密切相关。对于沙市以下荆江河段的发育过程及云梦泽的历史演变,张修桂(2006)的研究最为深入和权威,我们摘录整理如表2-1(重要事件以黑体表示)。

表2-1　沙市以下荆江河段发育过程及云梦泽简史

时期	沙市以下荆江河段的发育过程	云梦泽的演变	载籍事件
史前	荆江河槽通常淹没于湖沼之中,河道形态不甚显著,大量水体以漫流形式向东汇注,湖沼相沉积与河流相沉积交替叠迭。	江汉平原在构造上属第四纪强烈下沉的陆凹地,由于长江和汉水泥沙淤积,至先秦演变为平原—湖沼形态的地貌景观,分为西东两片(江陵以东的荆江三角洲和城陵矶至武汉长江西侧的泛滥平原)。	司马相如《子虚赋》。考古遗迹,《左传》载章华台。
周秦两汉	荆江三角洲水系呈扇状东流,主泓道受新构造运动南向掀斜的制约,偏在三角洲西缘。洪水期穿湖沼区至城陵矶合洞庭四水。	荆江通过夏水和涌水分流分沙,使荆江三角洲不断向东发展,并和来自今潜江一带向东南发展的江汉三角洲合并,形成江汉陆上三角洲。云梦泽被分割为西北和东南两部分,其主体在华容县南境。	西汉在章华台附近置华容县。东汉末赤壁之战曹操引兵由华容道(今监利县北周老咀)步归。
魏晋	分流分汊河型始于魏晋,终于隋唐之际。今石首境内江段已摆脱漫流状态,河床形态清晰,有穴口和沙洲分布。今监利江段横穿云梦泽边缘,仍处漫流状态。荆江改变了过去单纯左岸分流汇注云梦泽的局面,开始形成右岸分流。	涌水以南的长江左岸形成鹤穴分流,导致荆江三角洲在东延的同时迅速向南扩展,迫使云梦泽主体移至华容县东,原华容县南的云梦泽则淤为平原。南朝时,云梦泽主体向东缩至城陵矶至武汉长江西侧的泛滥平原,由大浐、马骨(今洪湖)诸湖组成,该地州陵县撤销。	西晋分华容县东南境置监利县,东晋在今沔阳城关西北和城关附近设云杜县和惠怀县。
唐宋	监利境内云梦泽消失,下荆江统一河道塑造完成,呈单一顺直型,河床不断淤积抬高,洪水过程显著。	唐宋志书不见大浐湖,马骨湖仅余周回十五里的小湖沼,洪湖地区退湖为田。原已平浅的云梦泽主体基本淤为平陆,大面积的湖泊水体已为星罗棋布的湖沼代替,云梦泽瓦解。	北宋初在监利县东北的洪湖地区设玉沙县。洪湖中发现不少宋代遗址。
明清	元明之际,河弯不断发展,下荆江蜿蜒河型形成。清代人工筑堤围垸以及右岸分流的形成加速河曲发展。明代荆北荆江大堤全线筑毕,至清代右岸分流完全形成。	北魏形成的太白湖至明清之际成为江汉平原最大的浅水湖泊,光绪年间基本消失,淤为沼泽。洪湖大面积水体至清初尚未形成,清中期由于太白湖淤塞,江汉平原排水不畅,洪湖迅速扩展。	—

一言以蔽之,由于构造上属凹陷盆地,监利本身成陆较晚,其历史与江汉平原和洞庭湖地区更为紧密,而与江南八县相关度较小。

2.1.2　鄂东南的政区沿革

在初步了解鄂东南地区的自然地理状况之后,我们据《中国历史地图集》和相关县志,将该区秦汉以来的建制沿革整理如次页表2-2(前标数字1、2、3为行政单位层级,黑体为上级行政单位治所;附注为县志摘录)。

当代的鄂东南(江南八县)是武汉(江南四区)、鄂州、咸宁、黄石四个二级行政单位并立,然而由清上溯至北宋,实际上大致显示出东西对立,即现在的黄石地级市加上通山县,曾长期独立为兴国州(军),具有二级(宋元)或准二级(明清)行政单位的地位。而六朝以至秦汉,现在的崇阳、通城乃至蒲圻县域又曾长期归属长沙郡(南齐为巴陵郡),与鄂东南其他地域形成南北对立。监利较为特殊,由于大江阻隔,它一直归属江北的荆州,从未与江南八县共处同一二级行政区内。

2.1.3　鄂东南的人口迁徙

作为一个相对独立的地理单元,鄂东南地区既有封闭性,又具开放性。封闭性在于南面的幕阜山、西北和东北面的长江所形成的自然阻隔,开放性在于其地扼三省交界,同外界始终保持密切联系。宋代以前的移民状况,载籍事件较少,相关研究缺乏。而宋代以后,移民事件频出,其中对鄂东南地区的历史进程产生深刻影响者,可概括为三:

一是兴国军的设立。有宋一代,边患日笃,全国遍设州军。阳新地理位置十分险要,《读史方舆纪要》称其"襟山带江,土沃民萃;西连江夏,东出豫章,此为襟要"。宋初(977)即以阳新为中心置永兴军,次年改兴国军,辖兴国、大冶、通山三县,其后三百年一直隶属江西,至元至元三十年(1293)始还湖广。

表2-2　鄂东南建制沿革简表

当代① 2009			清 1820			明 1582			元 1330			南宋② 1208			北宋③ 1111	南唐④ 954	唐⑤ 741			隋 612	
1	2	3	1	2	3	1	2	3	1	2	3	1	2	3			1	2	3	1	2
属湖北省			属湖北省			属湖广布政使司			属湖广行省			属荆湖北路,治江陵府			同南宋	属武昌节度使,治鄂州	属鄂州		属江南西道	江夏郡	
	属武汉市	江夏区		武昌府	江夏县		武昌府	江夏县		属武昌路（辖汉阳府）	江夏县		鄂州	江夏县				江夏县			江夏县
	市区	市区			武昌县			武昌县			武昌县			武昌县				武昌县			武昌县
	咸安区			咸宁县			咸宁县			咸宁县			咸宁县								
	咸宁市	嘉鱼县		嘉鱼县			嘉鱼县			嘉鱼县			嘉鱼县								
		蒲圻县		蒲圻县			蒲圻县			蒲圻县			蒲圻县				蒲圻县			蒲圻县。鲇渎镇；开皇九年（589）沙洋入蒲圻,乐化均入蒲圻,为
		崇阳县		崇阳县			崇阳县			崇阳县			崇阳县				唐年县				
		通城县		通城县			通城县			通城县			通城县								
		通山县		通山县			通山县		兴国路	通山县	属江南西路,治隆兴府	兴国军	通山县							
	市区 黄石市	大冶市		大冶县			大冶县			大冶县			大冶县							
		阳新县	2.5兴国州,属武昌府	兴国州	2.5兴国州,属武昌府	兴国州				永兴县					永兴县			永兴县	
	荆州市	监利县		荆州府	监利县		荆州府	监利县	属中兴路 属河南江北行省	监利县	属荆湖北路	江陵府	监利县		属周	属荆州	监利县	属山南东道	属沔阳郡	监利县

续表

当代 2009			南齐⑥ 497			西晋 282			三国吴⑦ 262			东汉 140			西汉⑧	秦	周	禹贡
1	2	3	1	2	3	1	2	3	1	2	3	1	2	3		1	1	
属湖北省	属武汉市	市区	属郢州	江夏郡	武昌	属荆州，治南郡	武昌郡	沙羡（夏口）	属荆州，治南郡	属江夏郡	夏口	属荆州，治汉寿	属江夏郡，治西陵（今新洲）	鄂县（今鄂城）	同东汉	属南郡，治江陵	战国属楚，当南郡、长沙、九江三郡之间，载籍仅夏（今武昌区）、沙羡（今武昌县西）、鄂（今鄂城）三地	属荆州
		江夏区						武昌			武昌，黄武二年（223）沙羡置蒲圻县			沙羡（今武昌县西）				
	鄂州市	市区		武昌郡	沙阳			沙阳，太康元年（280）析			蒲圻					大致属长沙郡		
	咸宁市	咸安区			蒲圻		属长沙郡，治临湘	蒲圻		属长沙郡，治临湘	下隽		属长沙郡，治临	下隽（今通城境）				
		嘉鱼县		属巴陵郡	下隽			下隽			阳新（221割鄂南置）在东，下隽在西，监利			下隽（今阳新境）				
		蒲圻县			阳新。刘宋改富川，又改永兴			阳新			监利			华容				
		崇阳县						武昌郡			属南郡		属江夏郡					
		通城县																
		通山县																
	黄石市	市区		武昌郡			属江夏郡	武昌郡		属江夏郡			属江夏郡，治西陵（今新洲）			大致属衡山郡，治邾县（今黄冈）		
		大冶市																
		阳新县						南郡					属江夏郡，治西陵（今新洲）					
	荆州市	监利县	属荆州	巴陵郡	监利县		属长沙郡，治临湘	监利		属江夏郡	属南郡		属南郡	属南郡		属南郡		

注：①民国二年（1912）改武昌府治江夏县为武昌县，改原武昌县为寿昌县，民国三年
　　复改鄂城县。1950年并石灰窑、黄石港工矿区为黄石市。1965年通山划归咸宁地区。
　　②崇阳、通城绍兴五年（1135）合并，十五年（1145）复析。
　　③景德四年（1007）避太祖陵讳改咸宁县。崇阳开宝八年（975）始名，诸山从聚、
　　故名。熙宁五年（1072），通城析镇为县。977年置永兴军，次年改兴国军、太平兴国
　　之略。
　　④南唐保大十一年（953）置嘉鱼县。955年永安场升永安县。吴改唐年为宗阳，南
　　唐复称唐年。964年置通羊、青山二镇。967年置大冶县、大兴炉冶之略。
　　⑤代宗大历三年（768）割江夏县南境置永安镇，为咸宁建制之始。天宝二年（743）
　　于下隽故地置唐年县、仍并乐化地。元和间升县西锡山市为通城镇。
　　⑥沙阳、陈属上隽。南梁大同五年（539），置上隽郡、析下隽地为乐化县。崇阳仍为
　　下隽，今通城分隶乐化、下隽，两县分治。
　　⑦黄初二年（221）孙权都鄂，取以武而昌之意改鄂为武昌。划江夏郡东立武昌郡，
　　领武昌、下雉、阳新、柴桑、寻阳、沙羡六县。吴析华容置监利。
　　⑧沙羡，高祖六年（前201），分南郡置下隽，治所在今崇阳境，前202年属长沙国。

二是垸田的开发。虽然监利魏晋之时即已置县，但直至唐代云梦泽瓦解之后，才真正得以开发。据石泉、张国雄（1988）的研究，北宋至南宋孝宗乾道、淳熙年间，江汉平原腹地仍是芦荡荒湖、地广人稀的水乡泽国；南宋理宗端平、嘉熙年正值宋蒙大战，为安定后方，解决军粮供应，当时负责长江中游防务的孟珙动用军民，通过封堵穴口、修筑江堤围湖造田，取得显著效益，军粮供给由亏而盈。垸田即因南宋后期的官屯而兴，至明清大盛。

张国雄在后续研究（1989）中指出，垸田真正进入快速、全面开发是在明代，明中期的成化、正德年间是垸田发展的第一个高峰。一方面明初安定统一的局面、优惠的赋役政策以及对水利建设的重视，为大乱后垸田的复苏和发展创造了适宜的环境；另一方面，元末动乱期间江西人为避兵灾开始大批迁入湖北，洪武、永乐年间政府实行"抽迁江右士庶以实兹土"的移民政策，为垸田开发提供大量劳动力。至正德年间，民间已有"湖广熟，天下足"的说法，表明两湖粮食生产已经达到向外输出的水平。

三是洪武大移民。南唐和宋代是鄂东南开发的关键期，现代鄂东南行政

区划的基本格局在北宋初年就已奠定,其间也有一些载籍的移民事件,但对鄂东南方言地理产生实质性影响的却是明初的洪武大移民。曹树基(1997:134—137)在研究"江西填湖广"时,将武昌府分为北部平原和南部山区两个单元来描述。

对于平原诸县,曹先生认为,其"应当和黄州府的沿江平原一样,充斥着来自江西的新移民"。民国《蒲圻乡土志》明确记载,"元末明初,江右民族多自进贤瓦子街移居蒲圻,近月盈千累万之盛族,皆此种类"。这说明,"蒲圻一代定居的江西移民来自南昌府"。新修《大冶县县志》和《武昌县志》也指出明初大量江西移民的存在,但具体比例并不清楚。曹先生在比较武昌府平原诸县与黄州府移民成分差异时认为,后者"饶州、南昌、九江移民数量相当",而前者"更多的则是南昌移民"。

对于山区诸县,根据现有的氏族材料,虽然"可以判断武昌府南部是一个人口补充式的移民区",但由于样本过少,只能粗略估计"江西移民的主体应当来自南昌府,他们至少应有7万人口"。

2.2　鄂东南方言的既往研究

2.2.1　《湖北方言调查报告》中的鄂东南方言

就现有材料而论,鄂东南方言最早的现代语言学意义上的研究始于《湖北方言调查报告》(以下简称《报告》),这使得鄂东南方言的研究一开始就站在了一个较高的起点上。值得注意的是,《报告》对湖北方言的分区和定性跟现行观点存在些许差异,试将其与《中国语言地图集》(以下简称《地图集》)做一比较:

表2-3　湖北方言分区比较表

	鄂西、江汉平原、武汉三镇	石首、公安、松滋、鹤峰	监利	鄂东南	鄂东北、鄂城、竹溪、竹山
《报告》	第一区:北方派	第四区:介乎一二之间,近于湖南,别列为一区	第三区:赣语		第二区:楚语
《地图集》	西南官话成渝、鄂北、武天片	西南官话常鹤片	赣语大通片		江淮官话黄孝片

注意之一是《报告》对第三区定性时提到的三个"江西派"和三处比较（cf.）：

（1）通山全浊不论平仄皆不送气,崇阳、通城溪群今洪开读x、h,崇阳近代送气塞擦变浊擦、全浊塞音读送气清音,蒲圻、通城次清全浊平仄皆读浊送气,这些都是江西派;

（2）崇阳来细tʰ,蒲圻、通城来细dʰ,这tʰ、dʰ可以认为江西派;

（3）效流界限交错起来,例如嘉鱼、通山"造"-au ≠ "照" = "奏"-eu,这是江西派的一个特点;

（4）通城一部分字有l尾（cf.江西都昌）;

（5）阳（声）韵外转二等韵读细音时不与四等混（笔者按:实为不与三四等混）,如"眼"ian ≠ "演"ien,"贪、感、官"一部或全部读œ、ε等元音,与"谈、间、关"等a元音分别（cf.吴语、湘语）;

（6）"十、直、骨"少数地方有-ə、-ɤ读法（cf.吴语）。

正是由于这些特点,尽管"这第三区的内部最不一致,几乎一处自成一派",但"大体看起来是赣语系统的方言"。

注意之二是《报告》与《地图集》的最大分歧竟在监利一地。原来在调查材料中,"並定从崇澄群等全浊声母仄声读送气,但入声读不送气"（《报告》第1331页附注）,虽然常鹤片属于"平送仄不送",但由于监利地近湖南,作者权衡之后仍将其划入现在的常鹤片。更深层次的原因也许是吴宗济在发音人履历下的附注："本发音人年龄尚幼,而住过的地方很多,以致发音不纯。但一时无第二监利人可比较,只得用此作根。"

刘兴策(1998)就十分中肯地指出了《报告》的不足:

> (《报告》)对六十四个市县的方言调查几乎都是在武汉进行的,发音合作人多为从湖北各地到武汉来读书的青年学生,或者是在武汉工作了多年的教师、职员,他们讲的方言不一定纯正、地道。

黄群建(1995:1—2)也指出过类似情况:

> 从《报告》记录的韵母和声调系统来看,我们认为,当年调查的(阳新三溪)方言只能是国和西部边境的咸宁话……长期以来,国和在行政区划上为三溪镇所辖,所以当年调查的对象即使是国和西部边境上的人,如果他自称是三溪籍亦无可厚非,于是乎《报告》就将渗透到国和西部边境的咸宁话误以为是三溪话了。

瑕不掩瑜。我们应该看到,《报告》的调查工作是在当时战火纷飞、朝不保夕的境况下进行的。其贡献不仅在材料,更在方法,《报告》对湖北方言的分区对后来的《湖北方言概况》以及《地图集》都产生了深刻影响;其影响也不限于湖北一地,其后所刊湖南、云南两省报告皆以为准绳。

2.2.2　中华人民共和国成立后的鄂东南方言研究

1960年内部出版的《湖北方言概况》是中华人民共和国成立后湖北方言研究的重要综合性成果。由于我们尚未获得该文献,权引刘兴策(1998)的介绍:

> (《概况》)在分县市进行普查的基础上描述了全省方言的基本面貌,

将全省境内的汉语方言按其特点划分为西南官话区、楚语区和鄂南区等三个方言区,并进行了综合比较。《概况》与1948年出版的《湖北方言调查报告》相比,调查点比《报告》多了十个,共有七十四个方言点,有一部分方言点是到当地进行实地调查后得到的研究成果,因而更加符合实际。

2.2.3　新时期的鄂东南方言研究

改革开放以后,大批单点和多点的研究成果问世,我们将已知的鄂东南方言研究专著列入下表(以作者姓名为序)。

表2-4　新时期已知鄂东南方言研究专著列表

书名	作者	出版社	出版时间
蒲圻方言	陈有恒	华中师大出版社	1989
蒲圻话·普通话字音对照表	陈有恒	中国地质大学出版社	1989
鄂南方言志略	陈有恒	内部出版	1991
鄂东南方音辨正	陈有恒	中国地质大学出版社	2002
通山方言志	黄群建	武汉大学出版社	1994
阳新方言志	黄群建	中国三峡出版社	1995
鄂东南方言音汇	黄群建	华中师范大学出版社	2002
通城方言	刘国斌	中国文史出版社	1991
通城方言词诠	刘国斌	内部出版	1992
大冶方言语法研究	汪国胜	湖北教育出版社	1994
湖北荆沙方言(监利部分)	王群生	武汉大学出版社	1994

这一阶段对鄂东南方言性质的综合研究,我们以陈有恒的《鄂南方言志略》为代表。陈先生非常谦虚,他"不轻断本区方言的系属,一是因为内部

分歧太大,二是因对周围仍然了解太少";"我们目前的肤浅感觉是,以本区方言主要特征与湘方言及省内东北部方言比,它们之间很难完全分开,与赣方言比,似乎也很难完全吻合,联系詹伯慧教授在《现代汉语方言》中所叙情况看,则湘鄂赣这一三角边缘地带的语言特征,实在是你中有我,我中有你"。

陈先生举出以下七条论据:

（1）像蒲圻、通城以及崇阳那样成套地清、浊对立的现象,也可以在双峰找到。

（2）近半数的地方（嘉鱼、咸宁、大冶、阳新）是把古浊塞音、浊塞擦音声母字读为送气清音,崇阳限塞音。这是与南昌相同的。

（3）泥来母洪混细分的情况在南昌、长沙、双峰都能找到。但江西临川有与蒲圻、崇阳、通城一样把来细读为舌尖塞音的。

（4）（知章组读音）一些现象可见于赣方言,而所有现象都可以从湘方言中找到。

（5）多鼻化韵。这是武汉、南昌都没有而长沙、双峰都有的事。

（6）单元音多,圆唇元音多,这是与双峰相近的。

（7）（声调分为六类）同长沙、南昌,但字的归类没有南昌那样以古浊平……归去和古去声……入上的,而是（在字类分派上）与长沙一样。

进入新世纪,陈有恒主编的《鄂东南方音辨正》和黄群建主编的《鄂东南方言音汇》于同年（2002）出版,成为鄂东南方音研究最重要的两部总结性成果。

陈先生主编的《辨正》用表格形式,巧妙地将鄂东南八县市方言与普通话读音进行全面比对,为鄂东南方言母语者学习、纠正普通话发音提供了极大方便。但也正由于该书意在推普,其同音字表在使用上略显不便。

　　而黄先生主编的《音汇》,不仅作者均为鄂东南本地人,而且均为高校中文专业,加之十多年的准备工作、多次的田野调查和反复的集体修订,使其材料具有较高的权威性和可信度。

2.2.4　北京大学中文系师生对鄂东南方言的调查研究

　　1991年6月,北京大学中文系方言调查队在王福堂先生率领下来到咸宁,对阳新洋港镇、大王殿镇、大冶县城关、咸宁市马桥镇、通山县通羊镇、蒲圻县新店镇以及通城县城关七个方言点进行了为期一个月的调查。其后,调查队成员、徐通锵先生指导的硕士姜松再赴当地进行材料核实,并写成硕士论文《鄂东南方言初探》。

　　诚如姜松所言,"(20世纪40年代以来的鄂东南方言研究)虽然取得了不小的进展,但在总体上还仅仅局限于方言的共时平面描写,缺乏必要的历史演变分析","反映在方言归属问题上就表现为依据方言共时平面描写研究上的语音特征来划分鄂东南方言的归属"。因此,他尝试用"历史的眼光"和"系统的视角"来找出鄂东南方言的底层归属,其主要观点及结论我们简述如次页表2-5。

　　2007年7月,北京大学方言调查队在项梦冰、陈宝贤等先生率领下来到鄂南监利县,对县域内容城(城关)、朱河、柘木、新沟四乡(镇)的五位发音人(城关两位)进行了为期一个月的调查。笔者有幸参与其中,并收集到四个点的原始材料,整理写成短文《湖北监利方言的音韵特点及其成因初探》(未刊)。2008至2009年间,笔者又分别调查了通城县墨烟乡(今大坪乡)、大冶市金湖街和嘉鱼县潘家湾镇的三位发音人。

　　考虑到材料的可信度,本书语料以正式出版的《鄂东南方言音汇》为准(监利以2007年调查材料为据),必要时以1991年北大调查材料和笔者自己调查的材料作为补充。

表2-5　姜松硕士论文简述

项目	表现	与赣方言的比较	与湘方言的比较
古全浊声母演变	蒲圻、通城变浊送气	是次清加盟全浊,反映了高安全浊声母未清化前的样子,与高安是演变时间的先后关系	为两项对立,性质不同于湘方言的三项对立
	咸宁、大冶、阳新、嘉鱼读清送气	音值和系统归并均与高安一致	—
	通山为清不送气	通过方志中的移民材料推断,通山方言不大可能和湘方言有密切和直接的关系。通山的古全浊声母在中古也是读为送气的,由于某种有待于深入研究的地域性原因,发生变异,送气成分丢失	
知系声母今读	知三章组字在湘赣方言中由于介音的不同,在以"前"为特性的-i-介音影响下向舌尖塞音发展,在以"后"为特性的-u-介音影响下向舌根塞音发展。鄂东南方言区内知章组字复杂表现,反映的是共同演变趋向上的不同发展阶段,是一种平行演变,并不能反映出鄂东南方言与湘赣方言孰远孰近的亲属关系		
梗摄文白读的归并方向	通城、高安,梗摄白读层保持独立地位;咸宁、通山,梗摄白读层与通摄合流,与宕江摄依然分立	通城、高安梗摄-ng尾白读在音类分合关系上的一致性说明,鄂东南方言的底层与赣方言在早期有一个共同的演变阶段	双峰白读层也丧失了独立地位,但不和通摄发生纠缠,而是与宕江摄合流,体现了不同于鄂东南方言的另一种演化途径
	蒲圻、咸宁、通山旧文读层与咸山摄一二等合流,宕江摄独立发展,通摄在咸宁、通山与梗摄-ng尾层合流	双峰梗二鼻化层为文读系统,其演变方向和鄂东南方言一致,与咸山摄一二等合并。鄂东南方言在早期与赣方言没有共同的发展时期,但在语言发展中,可能由于受某一权威方言的影响产生了文读形式,在文读层中经历了一段共同的发展时期	
登痕韵今读	主元音高化或滋生-i-介音,从而与咸山摄开口三四等的合并很普遍	部分见系字产生-i-介音,非见系则并未产生,但都与咸山摄开口三四等合流	双峰登痕两韵与咸山摄口开三四等韵保持严格分立状态

项目	表现	与赣方言的比较	与湘方言的比较
果假遇蟹等主元音格局	鄂东南方言多样的元音演变状态,是在高安所代表的原始底层之上,经过通城、蒲圻、咸宁、通山等不同阶段演变形成的。从这一动态过程来看,说鄂东南方言的底层与赣方言同属一类较为合适		
流摄一等字的归并	侯韵字与效摄三等宵韵和四等萧韵有合流趋向	与高安相同	双峰未发生过这种合流,侯韵和宵萧两韵处于分立状态
结论	无论是声、韵系统中的音类分合关系还是音系的结构格局和演变方式,鄂东南方言和赣方言都有着十分明确的一致性,说明它们经历过不少共同的发展历程和演变阶段,和湘方言则缺少这种一致性。因此,鄂东南方言的底层和赣方言一致,而与湘方言关系不大		

第三章　音系总述

虽然本书的讨论重点在于韵母,但仍有必要从共时特点与历史定位两个维度,对鄂东南方言的声、韵、调做一综合考察。

3.1　鄂东南方言的声母

3.1.1　声母音值的共时概貌

鄂东南方言声母音值的共时概貌见表3–1。

表3–1　鄂东南九县方言声母汇总表

阳新	p pʰ m f	t tʰ	l	ts tsʰ s z			tɕ tɕʰ ȵ ɕ	k kʰ ŋ x ∅
大冶	p pʰ m f	t tʰ	l	ts tsʰ s z			tɕ tɕʰ ȵ ɕ	k kʰ ŋ x ∅
通山	p pʰ m f v	t tʰ	n l	ts tsʰ s z			tɕ tɕʰ ȵ ɕ	k kʰ ŋ x ∅
咸安	p pʰ m f	t tʰ	n	ts tsʰ s z			tɕ tɕʰ ɕ	k kʰ ŋ x ∅
嘉鱼	p pʰ m f	t tʰ	n	ts tsʰ s	tʂ dʐʰ ʂ ʐ		tɕ tɕʰ ɕ	k kʰ ŋ x ∅
蒲圻	p b m f	t d	n l	ts dʑ s	tʂ dʐ ȵ ʂ z		tɕ dʑ ȵ ɕ	k g ŋ h ∅
崇阳	p bʱ m f v	t dʱ	n	ts dʑ s			tɕ dʑ ȵ ɕ	k ŋ h ∅
通城	p b m f	t dʱ	n	ts dʑ s			tɕ dʑ ȵ ɕ	k ŋ h ∅
监利	p pʰ m f	t tʰ h	n	ts tsʰ s z			tɕ tɕʰ ɕ	k kʰ ŋ x ∅

对鄂东南方言的声母进行纯共时的比较,可以发音方法和发音部位上的系统性差异为标准各分两类,如表3-2。

表3-2 鄂东南九县方言声母共时差异比较表

	嘉鱼	蒲圻	崇阳	通城	咸安	通山	大冶	阳新	监利
A.有浊塞音、塞擦音	–		+				–		
B.有舌尖后音		+				–			
C.h、x对立					–				+

这三组分类都具有重要的历时意义,下面分别加以讨论。

3.1.2 声类分合的历时考察——发音方法

共时标准A对应中古全浊声母演变,是从发音方法的维度进行历史定位。

中古全浊声母演变是影响汉语声母格局最为重大的事件,为历来方言分区所重。丁邦新(1982)将其作为早期历史性条件中"最普通"、比塞尾演变"更为重要"的条件,李小凡(2005)更将其作为诸多音韵标准中"最具系统性和规律性"者。这一标准在官话、吴方言、赣方言等方言的一致程度较高,但在湘方言却呈现出入声一致、舒声参差的状况,反映了全浊声母清化的舒入不平衡性。陈晖(2006)对湘方言古全浊声母的今读情况和演变类型做出了全面归纳,我们整理如次页表3-3。

陈晖还指出,如果仅仅以中古全浊声母演变为标准,甚至娄邵片都应划归三个大方言区(双峰保留浊音、娄底大多送气,涟源基本不送气),可是当地的"土人感"却并不认同这一点。

表3-3 湘方言古全浊声母演变类型

区域	小片	舒		入
		平	仄	
湘北	长益片	清化,绝大多数不送气		清化,送气占优势
湘中	娄邵片少数点（涟源、娄底等）	清化,娄底大多送气,涟源基本不送气		清化,大多送气
湘西	辰溆片	保留浊音	基本清化,大多不送气	基本清化,大多送气
湘中	娄邵片大多数点	保留浊音		全部或绝大多数清化,大多送气
湘南	永州片的祁阳、祁东等地	基本保留浊音		

同湘方言一样,鄂东南方言中古全浊声母演变也存在较大的内部差异,呈现两种走向、三类音值,如表3-4。

表3-4 鄂东南方言古全浊声母演变类型

通山	中古音	崇阳	通城	蒲圻	监利	嘉鱼	咸宁	大冶	阳新
清不送气	全清	清不送气			清不送气				
	全浊	浊送气			清送气				
清送气	次清								

古全浊声母不问平仄皆入次清（调分阴阳者读阳调）是赣方言发声态归并的基本模式,也是从《湖北方言调查报告》到《中国语言地图集》,半个世纪以来学界将鄂东南方言归入赣方言的主要依据。从音值上看,阳新等五县与南昌等地并无二致,但蒲圻、通城、崇阳三县存在"次清化浊",跟临近的江西修水情况相同。王福堂（1999:22—23）据"汉语语音历史演变的一般情况,古清浊声母的合流是浊音清化而不是清音浊化";"次清字调值大多和全清字相同,而不同于全浊字"而论证"在四声八调时期,赣方言的次清

声母没有并入过全浊声母",四地的"浊声母应该是古浊声母清化后又浊化
的结果"。

上一章的移民材料已经提到,"元末明初,江右民族多自进贤瓦子街移居
蒲圻,近月盈千累万之盛族,皆此种类"(民国《蒲圻乡土志》)。进贤属南昌
府,而"次清化浊"在赣方言昌靖片十分常见,因此我们认为,蒲圻等地"次清
化浊"来自移民源地,而并非洪武大移民之后受本地方言影响而生,其成因应
纳入整个赣方言史,而不应作为鄂东南方言的个性来加以讨论。

关于通山中古全浊声母演变模式跟赣方言不合,黄群建在《通山方言志》
中指出(第37页):

> 应该从全县的范围对这一语音现象进行考察。事实上把古全浊塞
> 音、塞擦音字读为不送气的,只有通羊镇(笔者按:城关)、横石潭、厦铺等
> 少数地区,东片的大部分地区读送气清音,少数地区部分读送气清音,西
> 片的楠林也读送气清音,其余通山南部边境地区都部分读送气清音……
> 古全浊塞音、塞擦音字一般读为送气清音是通山方言的主流,少数地区读
> 为不送气清音不足以改变通山方言的赣语特性。

通山城关通羊镇中古全浊之不送气,平仄并无差异,入声仍读不送气,这
与长沙全浊入"送气占优势"不同,其成因只能暂且存疑。

3.1.3　声类分合的历时考察——发音部位

共时标准B、C涉及发音部位的跨类调整。项梦冰(2007)提出汉语方言
分组的五条标准,以微母、日母与古浊上三条同言线,分汉语方言为北、中、南
三组。我们以项文所选例字为准,将鄂东南方言微、日两母今读列为表3–5,同
时抄录南昌、宜春、长沙、双峰四点以为对照(斜线前白后文):

表3-5　鄂东南及湘赣方言代表点之微、日母字今读

方言点	尾	蚊	网	耳	忍	肉
南昌	ꜛmi	unꜜ	ꜛuɔŋ	ꜛə	ꜛȵin	ȵiuk˳
宜春	ꜛui	ꜛmɨn	ꜛmoŋ	ꜛɵ	ꜛȵin	ȵiuʔ˳
长沙	ꜛuei	ꜛmən	ꜛuan	ꜛɤ	ꜛzən	zəu˳
双峰	ꜛui	ꜛmien	ꜛman	ꜛe	ꜛiɛn	ȵiʊ˳
阳新	ꜛuəi	ꜛnan	ꜛuɔŋ	ˡz̩/ꜛz̩	ꜛzaɿ	zau˳
大冶	ꜛuɐi	ꜛnan	ꜛuɔŋ	ꜛz̩	ꜛzaɿ	zau˳
通山	ꜚvæi	ꜛvan	ꜛuoŋ	ꜛz̩	ꜛzɐn	zau꜔
咸安	ꜛuæ	ꜛuən	uõꜜ忘	ꜛz̩	ꜛzən	zau˳
嘉鱼	ꜛuei	ꜛuən	ꜛuɒŋ	ꜛor	ꜛzən̞	zəu˳
蒲圻	ꜛuei	ꜛun	ꜛuœŋ	ꜛor	ꜛʮn/zən̞	zoʔ˳
崇阳	ꜛmi/ꜛvi	ꜛmən	ꜛuan	ꜛə	ꜛȵin	ȵiəu˳
通城	ȵi/ꜛui	ꜛuən	ꜛuɔŋ	ꜛy	ꜛȵin/yn	ȵiouʔ˳
监利	ꜛi/ꜛuei	ꜛun	ꜛuan	ꜛm	ꜛnən̞	zou˳

可见只有崇阳能够完全划入微母—日母同言线以南，通城我们并未发现微母保留重唇的情况，只能划入日母同言线以南。其他鄂东南方言的微母、日母则完全属于北方型。

共时标准B涉及知章庄组演变，我们结合精、见组读音分为五种类型，列为表3-6（以全清声母音值为代表）。

表3-6　鄂东南及相关方言精组、知章庄组及见系读音

类型	方言点	精组		知二庄	知三章		见系	
		洪	细	开	开	合	洪	细开/合
A	阳新	ts	tsi	ts	ts	tɕy	k	tɕi/y
B	大冶、通山、咸安	ts	tɕi	ts	ts	tɕy	k	tɕi/y
	监利	ts	tɕi	ts	ts	tʃʮ	k	tɕi/tʃʮ
	武汉	ts	tɕi	ts	ts	tɕy	k	tɕi/y

续表

类型	方言点	精组		知二庄	知三章		见系	
		洪	细	开	开	合	洪	细开/合
C	孝感（花园）	ts	tɕ		①		k	tɕi/tʂʅ
	嘉鱼	ts	tɕi	ts	tʂ	tɕy	k	tɕi/y
	蒲圻	ts	tɕi	ts	tʂ	tʂʅ	k	tɕi/tʂʅ
	长沙	ts	tsi	ts	tʂ	tɕy	k	tɕi/y
D	通城	ts	tɕi	ts	ts	tɕy遇摄，ts非遇摄	k	tɕi/tɕy遇摄，ts非遇摄
E	崇阳	ts	tɕi	ts	t	t	k	tɕi/ku［f、v］
	高安	ts	tsi	ts	t	t	k	tɕi/tɕy遇山，ts蟹臻

注：①孝感章组读tʂ，庄组内转读ts、外转读tʂ，知组今开口除梗摄二等读ts外均读tʂ，今合口读tʂ。

大冶、监利等地的B型跟武汉相似，精组跟知庄章组合流，A型的阳新在声母区分尖团，可视为B型的早期形式。C型的嘉鱼、蒲圻则属"昌徐型"，精组与知二庄组读ts类，知三章组读tʂ类，这一分合类型及音值在其南部的湘方言（长沙）及其北部的江淮官话黄孝片（孝感）均有表现（后者略有不同）。E型的崇阳，音类属"昌徐型"，但知三章组音值为赣方言常见的t类，同时见系合口存在特殊演变。D型的通城表面上跟B型差别不大，但合口同样存在特殊演变，如表3-7（等号为承左省，斜线前白后文）。

表3-7　鄂东南及相关方言知三章组合口与见系合流情况

方言点	鱼知 猪	鱼见 居	脂书 水	支群 跪	仙章 砖	仙见 卷	谆船 唇	文群 裙
阳新	₌tɕy	=	ꜛɕy/ꜛɕyəi	ꜛkʰuɐi	₌tɕỹ	ꜛ=	₌tɕʰyaɪ	=
大冶	₌tɕy	=	ꜛɕy/ɕyɐi	kuɐiꜜ	₌tɕỹ	ꜛ=	₌tɕʰyaɪ	=
通山	₌tɕy	=	ꜛɕy/ꜛɕyæi	kuæiꜜ	₌tɕỹ	ꜛ=	₌ɕyɐn	₌tɕyaɪ
咸安	₌tɕy	=	ꜛɕy/ꜛɕyæ	ꜛkʰuæ	₌tɕỹ	ꜛ=	₌tɕʰyən	=
嘉鱼	₌tɕy	=	ꜛɕy	ꜛkʰuei	₌tɕyin	ꜛ=	₌ɕyən/tɕʰyən	₌tɕʰyən

续表

方言点	鱼知 猪	鱼见 居	脂书 水	支群 跪	仙章 砖	仙见 卷	谆船 唇	文群 裙
蒲圻	ᶜtʂʮ	=	ᶜʂʮ/ᶜʂui	ᶜguei	ᶜtʂyɛn/ᶜtʂyan	ᶜ=/ᶜ=	ᶜʂun	ᶜdzun
崇阳	ᶜtəu	ᶜkui	ᶜfi	vi²柜	tə²	ᶜkuɐ	ᶜsən	ᶜvin
通城	ᶜtɕy	=	ᶜɕy	ᶜui/kuei	ᶜtsen	ᶜ=	ᶜsən	ᶜdʐən
监利	ᶜtɕʮ	=	ᶜsuei	ᶜkʰuei	ᶜtɕyn²	ᶜ=	tʃʰ²=	=
孝感	ᶜtʂʮ	=	ʂyei²睡	ᶜkuei龟	ᶜtʂyan	ᶜ=	ᶜʂyən	tʃʰ²
长沙	ᶜtɕy	=	ᶜɕyei	ᶜkʰuei	ᶜtɕyɛ̃	ᶜ=	ᶜsən/tʃʰyn春	ᶜtɕyn
双峰	ᶜty	=	ᶜɕy	ᶜkʰui/gui²	ᶜtuĩ	ᶜ=	ᶜɣiɛn/tʰuan春	ᶜduan
南昌	ᶜtɕy	=	ᶜsui	ᶜkʰui	ᶜtsɔn	ᶜtɕyɔn	sun²	ᶜtɕʰyn
高安	ᶜtø	ᶜtsø车	ᶜhø	ᶜkui鬼	ᶜɕiɔn船	ᶜtɕion	tsʰøn春	ᶜtsʰøn

　　除崇阳外，鄂东南八县遇、山、臻三摄合口韵的知三章组皆与见系合流，音类、音值都与孝感、长沙相近，圆唇舌尖元音更是《湖北方言调查报告》所称的"楚语"特色。双峰、高安也有类似合流，但声母及介音差异较大。由于表中方言均无"支微入鱼"现象，因此蟹止摄合口并无知三章组与见系的合流。

　　共时标准C涉及齿音的一系列特殊演变，主要包括透定母读h、端组泥组细音交涉两方面，其地理分布亦显示出整齐的东（北）西（南）差异，如表3-8。

表3-8　鄂东南方言齿音演变的东西分异

方言点	监利	阳新	大冶	通山	咸安	嘉鱼	蒲圻	崇阳	通城
透定母读h	+	−							
端组泥组细音交涉	−						+		

　　虽然陈立中（1996）指出"透定母读h"存在"赣中闽湘分布带"，甚至在粤方言四邑片和海南闽粤方言也有分布，但我们仍倾向于认为，在形成时间较早的汉语方言中，该特征仅对赣方言具有特异性。据《江西省志·方言志》可知，偏北的昌靖、鹰弋片完全不见此现象，偏南的吉茶、抚广片则无一例外地有

反映,而中部的宜浏片也大多存在该现象。这样大抵可以得出,监利与昌靖、鹰弋片赣方言较远,而其他八县则与之较近。

　　泥来母洪混细分是湘、赣、江淮官话等中部方言的共性,然而"端组泥组细音交涉"这一特点也是仅对赣方言具有特异性。由《江西省志·方言志》而得,该现象表现最明显的是昌靖片和抚广片,吉茶、鹰弋两片只限少数点,而宜浏片除奉新外均无表现。这也可以印证蒲圻、崇阳、通城三点与昌靖片或抚广片较近,而后者又可以地缘因素排除。

3.2　鄂东南方言的声调

　　由于牵涉入声归并问题,在对韵母进行全面描写之前,有必要对鄂东南方言声调演变的概况加以说明,同时通过与湘赣方言的比较,概括鄂东南方言的声调演变状况,如表3-9(赣方言材料摘自辛世彪2004,湘方言材料摘自陈晖2006,注释①至⑧均录自黄群建2002,⑨为笔者调查所得)。

表3-9　鄂东南及湘赣方言声调演变对照表

代表点	平				上			去				入				调类数
	全清	次清	全浊	次浊	全清	次清	次浊	全浊	全浊	次浊	全清	次清	全清	次清	全浊	次浊	
南昌	42	24	(35)		213			11			35	(213)	5	3	(5/3)		7
高安	35	24			42			11			33		5	2	(5/2)		7
黎川	22	35			44	(22/13)	13	53					3	5	(3/5)		7
吉水	35	33			31	(35/11)	11	(33)					5				5
波阳	11	24			42	(11)			35		44	35	(44/35)				5
阳新	33	212			21			33					45①				4
大冶	22	21			43			22			35		213②				5
通山	213	21			42			33			45		55③		33		6
咸安	44	31			42			33			312		55④				6

续表

代表点	平				上			去				入				调类数
	全清	次清	全浊	次浊	全清	次清	全浊	全浊	次浊	全清	次清	全清	次清	全浊	次浊	
嘉鱼	44		24		31		22	213				55⑤				6
崇阳	22		21		53		44	214				55⑥				6
蒲圻	44		24		31		22	213				55⑦				6
通城	212		33		42		45	214				55⑧				6
监利	44（45）		13		21			33			35	45⑨				6
双峰	55	13	23		21			33		35	24	阳平、次阳平 阴去、次阴去				7
涟源	44		13		31		11	35			24	阴平、阴去、次阴去				6
溆浦	44		13		23		53	35				阳平	阴去	阳平 阴去		5
邵东	55		13		32		24	35			(24)	阴平、阴去、阳平				5
祁阳	45		211		453		224	324				33	阳平	(33)		6
长沙	33		13		41		21	45				24				6
新化	33		13		21			45				24（部分归阴平去声）				5

注：①阳新古入声字今仍读入声，无塞音尾，声调较为高促。少数古入声字今读阴平和阳平，其中多数读阴平。

②大冶古入声字今绝大多数仍读入声，少数古全浊声母字今读阴平。

③通山古清入字仍读入声，古浊入字多读阳去，少数读入声。

④咸安入声调短急高促，但无塞音尾。古入声字绝大多数读今入声，有少数清声母入声字今归阴去，少数浊声母入声字入阳去，"石食族独续蜀属熟"。

⑤嘉鱼今入声调短急高促，但无塞音尾。古入声字今多读入声，也有少数字今读阳平和阴去。

⑥崇阳古入声字今读入声，今入声声调短急高促，但无明显的塞音韵尾。少数古入声字派入舒声，阴平、阳平、上声、阴去、阳去均有。

⑦蒲圻今入声调短急高促，其高度远不止[55]，有喉塞尾。古入声字在蒲圻方言中绝大多数读今入声，但有一部分全浊声母入声字今转入其他调类，这些全浊声母入声字主要归入阳平，还有一些派入阴去和阳去。

⑧通城古入声字今仍读入声，声调短急高促，实际调值高于[55]，韵尾[ʔ]较轻弱。少数与阳声韵相配的[ʔn]入声字，其[n]尾有弱化趋势。

⑨监利古入声字绝大多数今仍读入声，短促但无塞尾；极少数派入阳平等舒声调。部分阴平的阳声韵字声调短促，实际发音高于入声，该点处理为入声。

据表3-9可归纳出鄂东南方言声调特点如表3-10。

表3-10　鄂东南方言声调特点

特　　点		阳新、大冶、通山、咸安、嘉鱼、崇阳	蒲圻	通城	监利
近江方言共性	平去分阴阳，上声不分	+		+	+
	次浊上归（清）上	+		+	+
	全浊上归阳去	+		+	+
湘赣方言个性	存在送气（全次）分调	−		−	−
	有入声调	+		+	+
	入声分阴阳				
	全浊入有派入舒声	+		+	+
	入声有塞尾	−		+	
鄂东南方言个性	有鼻塞入声尾	−	−	+	−
	有阴平分调	−		−	+

3.3　鄂东南方言的韵母

3.3.1　韵母音值的共时描写

我们先以韵尾为纲，分无尾韵、-i尾韵、-u尾韵、-n尾韵、-ng尾韵、鼻化韵、声化韵七类，再以主元音和介音为目，严格按照共时音值，将鄂东南九县方言韵母列为表3-11至表3-14。表中加号"＋"表示有此音，"＋iuy"表示此音四呼俱全，若四呼有失，居尾者不标，居中者以实心点"."补其空位。

表3-11　鄂东南方言韵母对照表（无尾韵）①

	阳新	大冶	通山	咸安	嘉鱼	崇阳	蒲圻	蒲圻入	通城	通城入	监利
ɿ	+	+	+	+	+	+	+	+	+	+	+
i	+	+	+	+	+	+	+	+	+	+	+
u	+	+	+	+	+	+	+	+	+	+	+
y	+	+	+	+	+				+	+	
ʅ					+		+	+			
ʮ							+	+			+
ə			+.u	+iu	+iuy	+.u					ɤ②
ø		+i				+i					
œ		+									
e				+iuy			+iuʮ	+iuʮ			
ɛ	+iuy	+iuy	+i.y			+iu			+iu	+iu	+i.y
æ	+iuy	+iuy		+.uy		+.u					
a			+iuy	+iuy	+iuy		+iuʮ	+iuʮ	+iuy	+iuy	
ɑ				+iuy		+iu					+iu
ɒ	+iuy		+iuy		+iuy						
ɔ	+i	+iuy				+i					
o	+iu	+iu		+i	+i		+iu	+iu	+.u	+iu	+

注：①嘉鱼ɒ、a两韵系互补，舒声调为ɒ类（表中加黑框提请注意），入声调为a类；另，嘉鱼音系中y、ʮ相配，无ʅ；因表格空间所限，蒲圻、通城的入声韵寄于舒声之下，并略去喉塞尾-ʔ；通城入声韵分两套，寄于无尾、-i尾和-u尾韵下者以喉塞尾-ʔ结，寄于-n尾、-ŋ尾韵下者以鼻喉塞尾-ʔn、-ʔŋ结。
②监利ɤ寄此，仅开口呼。

表3-12　鄂东南方言韵母对照表（-i尾、-u尾韵）

		阳新	大冶	通山	咸安	嘉鱼	崇阳	蒲圻	蒲圻入	通城	通城入	监利
-i	e					+iuy		+.uy	.u			+.u
	æ			+.uy								
	a					+iuy		+iuʮ		+.u	+	+.u
	ɐ		+.uy									
	ə	+.uy										
	u						+			+	+	

续表

		阳新	大冶	通山	咸安	嘉鱼	崇阳	蒲圻	蒲圻入	通城	通城入	监利
-u	i	+	+	+								
	ε			+i								
	a							+i		+i.y		+i
-u	ɑ	+i	+i	+	+i	+i						
	ɔ					+i	+i					
	o							+i	+i	+i	+i	+i

注：阳新和大冶的iɑu、iu两韵母呈互补分布。

表3-13　鄂东南方言韵母对照表（鼻化韵、声化韵）

		阳新	大冶	通山	咸安	嘉鱼	崇阳	蒲圻	通城	监利
鼻化韵	ĩ	ĩ	ĩ	ĩ	ĩ					
	ẽ				+i.y					
	œ̃	+.u		+.u						
	ɛ̃	.i.y	+iuy	+i.y						
	æ̃	+iu	+iu	+iuy						
	ã				+iuy					
	õ				+iu					
声化韵		m̩、n̩	m̩、n̩	n̩、ŋ̩	n̩	or	n̩、ŋ̩	n̩、or、or?	n̩、ŋ̩	

表3-14　鄂东南方言韵母对照表（-n尾韵、-ng尾韵）

		阳新	大冶	通山	咸安	嘉鱼	崇阳	蒲圻	通城	通城入	监利
-n	ɛ							+iuʅ	+i.y	+i.y	
	œ								+.u	+.u	
	a					+iuy		+iuʅ	+.u	+.u	+iu
	ɐ	+iuy	+iuy	+.uy							
	ə					+iuy	+iu	+.u	+.uʅ	+.uy	+iuʅ
	i	+	+	+		+.uy	+.u	+	+	+	
-ng	ə				+iu				+	+	
	ɐ	+iu	+iu	+iu			+iu				
	a								+iu	+i	
	œ							+iu			
	ɔ	+iuy	+iu	+iu					+iu		
	o			+iu		+iu					+i

注：阳新和大冶的ien、in两韵母呈互补分布。

九县共时音系的如此排列至少可以反映以下地理上的渐变：

表3-15 鄂东南方言韵母的共时差异

分布地区	西南			← →			东北		
方言点	监利	通城	崇阳	蒲圻	嘉鱼	咸安	通山	大冶	阳新
-i尾韵主元音系列	2	1		1白1文	2	0	1		
-u尾韵主元音系列	2		1	2	2	1	2	1	
-n尾韵主元音系列	2	4	1	3	2	1			
鼻化韵主元音系列	0						3	2	3
入声有喉塞尾	–	+		+		–			
有撮口呼	+		–	+					

可见，在有无鼻化韵问题上，鄂东南方言的地理分异最为明显。

3.3.2 韵类分合的历史定位——重韵

《切韵》音系中，分重韵比分四等的时间层次更为古老，因此我们按照先重韵后四等的顺序，对鄂东南方言的音类进行历史定位。在重韵和四等这两个层次的内部，往往隐含着韵类分合和地理分布上的蕴涵关系，我们据梅祖麟（2001）、王洪君（1999）及相关研究概括如下：

表3-16 重韵韵类分合及地理分布蕴涵标尺

重韵标尺	支脂有别	⊃	咍泰有别	⊃	覃谈有别	⊃	鱼虞有别
大方言	闽方言		吴方言、北部赣方言		北部赣方言		湘赣方言较为普遍
鄂东南方言			［个别］		［一半］		［全部］

东南方言中，鱼虞有别最为普遍，支脂有别则仅限闽方言，覃谈、咍泰则居两者之间。支脂有别的方言（如闽南方言），一般咍泰、覃谈、鱼虞皆能区分，

形成重韵分合的蕴涵标尺,如上表。则鄂东南方言的时间深度,全部可达"鱼虞有别",一半能抵"覃谈有别",个别可至"咍泰有别"。

鱼虞分韵在湘赣方言虽普遍存在,但时间层次多不超过中古,且辖字仅限"锯、去、渠"等,我们据刘泽民(2004)与彭建国(2006)列如表3-17。

表3-17　湘赣方言鱼虞分韵情况表

		赣方言	湘方言
前中古层	音值	(t)ui ①	(k)a、æ
	辖字	仅猪	仅锯
	分布	仅万安	双峰、涟源、宁乡等
中古层	音值	ɛ、iɛ、e、ie	ɣ、ɛ、e、i、ɯ、ie、ei等
	辖字	去锯鱼渠保留率最高	锯去渠
	分布	以临川片为中心大量存在	远离官话的湖南腹地

注:①此处疑为"猪"字特殊演变,而非前中古层表现。

我们未发现鄂东南方言鱼韵有前中古层的表现,中古层的辖字也不超过湘赣方言,如表3-18(斜线前白后文;"梳"字为庄组读同模韵,属近古层,并非鱼虞有别)。

表3-18　鄂东南方言鱼虞分韵情况表

方言点	徐	猪朱居	梳	锯	渠(三单)	去
阳新	₋sieš/ˀçy	₋tçy	₋sau	₋kɛ/₋tçy	₋kʰɛ	tçʰiˀ/₋tçʰy
大冶	iasš	₋tçy	₋uas	kɛˀ/₋tçyˀ	₋kʰɛ	tçʰiˀ/₋tçʰy
通山	₋sæi/ˀçy	₋tçy	₋sau	kiˀ/₋tçyˀ	₋kʰi	tçʰiˀ/₋tçʰy
咸安	₋çæ须/ˀçy	₋tçy	₋uas	keˀ/₋tçyˀ	—	tçʰieˀ/₋tçʰy
嘉鱼	₋çi须/ˀçy	₋tçy	₋ues	kəˀ/₋tçyˀ	—	tçʰiˀ/₋tçʰy

续表

方言点	徐	猪朱居	梳	锯	渠（三单）	去
蒲圻	dʑi₅/ʂʅ₅	tʂʅ₅	sou	keˀ/tʂʅˀ	—	dʑiˀ/dʐʅˀ
崇阳	dʑi₅	təu₅、nei₅、kui₅	sʅ/sou	keˀ	—	dʑieˀ
通城	dʑi₅	tɕy₅	sʅ/sou	keˀ/tɕyˀ	—	dʑiɛˀ/dʐyˀ
监利	ɕi₅	ʃʅ₅	sou	tʃʅˀ	—	kʰɤ

哈泰与覃谈是否有别存在一定关联。王洪君（1999）归纳了汉语方言开口一等重韵的五大类型，赣方言（以高安、通山为代表点）和湘方言（以双峰、韶山为代表点）分属两类。从宏观上看，哈泰湘赣一致，都是白读泰韵非见系入二等，与一等哈韵不同；覃谈则湘赣有别，赣方言以谈韵非见系入二等，湘方言则覃谈合流，如表3-19。

表3-19　汉语大方言哈泰、覃谈有别情况

	二型　吴方言、赣方言、徽州方言					
白	哈	泰见系	泰非见系	覃	谈见系	谈非见系
文	哈	泰见系	皆佳	覃	谈见系	咸衔
	三型　粤方言、湘方言、客家方言					
白	哈	泰见系	泰非见系	覃谈见系		覃谈非见系
文	哈	泰见系	皆佳			咸衔

近年来对湘赣方言更为深入的研究进一步证实了以上结论。孙宜志（2007）指出：

> （江西赣方言）哈（灰）/泰的分立没有明显的地域特征，覃/谈保存区别的点主要集中在北区赣方言，南区赣方言往往今读没有区别。

彭建国（2006）也指出：

（咸山摄）现代湘语任何一个点都不区分重韵，也看不出任何曾经区分过重韵的痕迹，因此我们的讨论只能从重韵合流之后开始。

鄂东南九县方言中，阳新、通山、崇阳、通城四点能分覃谈，且仅限非见系字，跟北部赣方言相同。四点覃、谈韵于见系皆合，覃谈有别之覃韵及桓韵端系字亦并于此，音值与谈韵非见系及咸、衔韵呈高低之别。四点辖字，"贪、南、男、蚕"四字较为整齐，如表3-20（斜线前白后文）。

表3-20 鄂东南方言覃谈分韵情况

方言点	覃韵非见系读音及辖字[①]		谈韵非见系、咸衔韵	覃谈韵见系	桓韵端系
阳新	œ̃	贪、南男、蚕惨	æ̃	ɑ̃、æ̃	œ̃
大冶	æ̃	（不分覃谈）	æ̃	ɛ̃、æ̃	ɛ̃
通山	œ̃	贪探、南男楠、簪蚕	æ̃	ɑ̃、æ̃	œ̃
咸安	ɑ̃	（不分覃谈）	ɑ̃	õ、ɑ̃	õ
嘉鱼	an	（不分覃谈）	an	an	in
崇阳	ə	贪潭、南男楠、簪参蚕惨	æ	ə	ə
蒲圻	an	（不分覃谈）	an	ɛn/an	ɛn/an
通城	œn	贪潭探、南男楠、参蚕惨	an	œn	œn
监利	an	（不分覃谈）	an	an	ən

注：①指覃谈有别的读音及辖字。

鄂东南周边诸方言，惟北部赣方言能分覃谈，据此我们初步推断阳新、通山、崇阳、通城四点与北部赣方言关系更为密切。当然，由于北部赣方言覃谈之别仅限端系，辖字较少（字表仅收十二字），不能排除其他点原来有别、后被推平的情况，尽管"南、男"这类核心词汇被推平的可能性较小。

至于哈泰，不论阳新、大冶、咸安、嘉鱼，抑或蒲圻、崇阳、通城、监利，首先蟹摄不能分一二等,因此吴、赣或湘方言的音类分合不可能施用。通山蟹摄虽能分一二等,但哈泰仅在端组有系统区分,如表3-21所示。

表3-21 通山哈泰之别于端组

	帮组	端组	泥组	精组	见系
哈	杯pæi	袋tœ(占大多数)、戴ta(仅占少数)	来la	灾tsa	该kə
泰	贝pæi	带大ta、泰太tʰa	(癞la)	蔡tsʰa	盖kə

相关韵类仅哈韵端组有异读,多数读œ,与ə在历史音类上呈互补分布;少数读ta,混入蟹摄二等。泰韵端组则无一例外全部读a,由是哈泰有别,大ta≠袋tœ。

其他方言点虽不分哈泰,但"大"字读音稍显特别。以大冶为例,其"大"字有白读₂tʰæ和文读₂tₒ之分。一般而言,赣方言大小之"大"应为徒盖切而非唐佐切,前者常为tʰaiˀ、haiˀ,后者常为tʰoˀ、hoˀ(据颜森1990);老湘语多读daˀ(湘乡另读dʊˀ),亦入泰韵。因此,大冶白读的音韵地位与湘赣方言一致。

但大冶之名,本地读作₂tₒ ₃iˀ。ₒ韵在大冶对应麻二(及豪肴韵),与官话的唐佐切音类接近。而麻三(冶字)主元音在赣方言以a为常,老湘语后化为o,大冶白读后化为ₒ,其高化为ε亦为官话表现。地名往往带有最为保守的"底层",而大冶自称远湘赣而近官话,令人费解。新修《大冶县志》云:

唐天佑二年(公元905年),开始在今铜绿山至栖霞桥一带设大型采矿冶炼机构"青山场院"。宋乾德五年(公元967年),升青山场院为县,取"大兴炉冶"之意,定名大冶县,1994年改县为市。

宋初定名之时,当时北方话的麻三肯定尚未高化为ε,车遮韵的产生是《中原音韵》以后的事。因此,大冶自称元代以后才由官话借入亦未可知。

3.3.3　韵类分合的历史定位——两呼四等

宋代韵图的开合四等十六摄,于现代方音往往隐含着韵类分合和地理分布上的蕴涵关系。金有景(1964)曾指出浙江义乌方言咸山摄三四等有别,其后(金有景1982)又对浙江五十个县进行了调查,将咸山摄三四分等归为两区八型。张贤豹(1985)详细讨论了闽方言三四等韵的区别,其后又在《闽客方言史稿》(张光宇1996)中对客家话读洪音现象进行了分析。根据这些研究,三四等有别这一音韵层次大抵不出吴、闽、客,而江摄近通摄这一特点则仅限闽、客。

此外,外转韵摄区分一二等的地理分布,效摄比蟹摄、咸山、曾梗摄更南,基本上是远江方言(包括吴方言、赣方言的远江部分)才能区分。山摄一二等仅合口能别而开口不能别,这是《中原音韵》的音类归并,李佳(2006:37)曾初步勾画了一条从江淮官话到新湘语的同言线。果假摄及蟹摄合口一二等有别,南北方言最为普遍。我们将以上音韵特点及地理分布概括为表3-22。

表3-22　两呼四等韵类分合及地理分布蕴涵标尺

标尺	江摄近通	⊃	三四等有别	⊃	豪肴有别	⊃	咍皆、寒山、曾梗有别	⊃	桓山有别	⊃	果假、灰皆有别
大方言	客家话、闽方言		南部吴方言		赣方言、粤方言		湘赣方言		江淮官话、新湘语		南北普遍
鄂东南							[几乎全部点]				

可见,江摄近通的时间层次最深,一旦有此表现,则三四等、豪肴韵等其他五类皆可区分;果假、灰皆有别的时间层次最浅,南北方言莫不能分。在这一定位标尺上,鄂东南方言大体上处于"咍皆、寒山、曾梗有别"的位置,跟湘赣方言关系最为密切。下文韵母各述部分,即以一、二、三四等的框架展开。

第四章　韵母各述之一 —— 蟹假果摄[①]

4.1　通语蟹假果摄的演变

我们抄录宁继福《中原音韵表稿》中的"《中原音韵》与《广韵》韵部关系示意图",并加入拟音(拟音皆以林焘、耿振生合著之《声韵学》为准,下同),以展示通语蟹假果摄的主要演变,如次页图4–1(拟音不列合口与重纽)。

可见,从《切韵》到《中原音韵》,通语蟹假果摄演变有如下特点:

(1)韵尾保持稳定:中古无韵尾的果假摄,发展为近代的歌戈、家麻、车遮韵,亦无韵尾;中古-i尾的蟹止摄(止摄主元音兼作韵尾),发展为近代的皆来、齐微、支思韵,除少数合口字"话、画、蛙"汇入家麻韵之外,-i尾不失。

(2)中古-i尾韵非高主元音合并:无尾韵歌戈、家麻,一二等对立犹存;而蟹摄开口,除唇音外一二等概不能分。蟹摄合口一二等尚有对立,但一等主元音高化,并入蟹止摄合口三等。

(3)中古入声韵汇入阴声韵:原来的-t、-k尾部分转化为-i、-u尾。

---

① 本章部分内容发表于《方言》2010年第2期,题为《鄂东南方言蟹假果摄的主要元音及相关问题》。

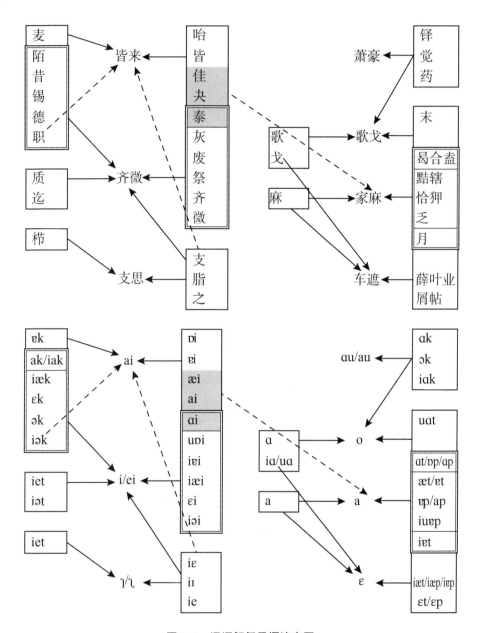

图4-1 通语蟹假果摄演变图

4.2　赣方言之ai–a–ɔ序列

赣方言的蟹假果摄，从音类到音值都对《切韵》音系有着直接的承继性。赣方言蟹摄一二等今读，熊燕（2004）以一二等是否对立、是否带-i尾分为四类，我们以韵尾为纲对其进行重组，列表如下：

表4-1　赣方言蟹摄开口一二等今读

-i尾	一二等	音值	音理解释	小片	方言点	小计
有	能分	ɔi–ic	其他各型的演变起点	昌靖片	高安	20
				鹰弋片	余干、弋阳	
				抚广片	黎川、临川、南丰、东乡、南城	
				宜浏片	宜丰、上高、万载、新余（1、2）、醴陵1、浏阳、萍乡(oɛ–ai)[1]	
				吉茶片	吉安、井冈山、永丰、莲花（后二者oɛ–ai）	
		ɛi–ai	一等主元音受-i尾影响前化	昌靖片	南昌1、修水（1、2）、奉新	7
				抚广片	宜黄、建宁	
				怀岳片	宿松	
		uai–ai	一等主元音裂化	—	仅宁都1、河源、陆川等客家话	0
		uɛi–a	裂化后高化	—	仅武平	0
	不分	ai	一二等合流	昌靖片	平江1、湖口、星子、永修、安义、都昌	9
				鹰弋片	波阳、横峰、乐平	
无	能分	uø–æ	一等主元音受-u-影响唇化	吉茶片	泰和	1
		ua–a	失落-i韵尾	—	仅宁化	0
	不分	æ	一二等合流后失落-i尾	吉茶片	永新、茶陵1	3
				大通片	阳新(ɐ)	

注：①括号内音标为原始材料记法，后同。

表格内容可以概括为三点（加引号者为熊燕论文原句）：

（1）从分布地区和数量上看,蟹摄一二等带-i尾在赣方言中最为典型,ɔi-ai、εi-ai、ai三种类型覆盖了赣方言的大多数情况,而ɔi-ai型为熊燕设定的演变起点,其他各型均可得到音理上的解释。

（2）"失落韵尾-i的方言主要分布在江西中部、南部和闽西、湘东的部分地点,只有阳新在鄂东南。"

（3）一二等合流"主要见于赣方言北部与官话等方言接壤地区",从平江、阳新到湖口、星子再到乐平、横峰呈东西向线状分布。

另据孙宜志（2007:176）,"果摄和假摄在江西赣方言中的今读一致性很强"：

（1）果摄主元音一般为o,泰和读ɔ,可看作是发生了o>ɔ的演变。果摄开口三等"茄"、合口三等"瘸、靴"或仍在果摄,主元音一般为o;或入假摄,主元音一般为a或e。

（2）假摄二等主元音一般为a,开口三等部分点主元音已高化为e或ε。

我们注意到,在《客赣研究》所收的35个江西客赣方言中,只有波阳一点,假摄二等不是a,而是偏后的ɔ。但其果摄、蟹摄二等（蟹摄一二等合流）仍为o-ai之别,蟹摄并未脱落-i尾。综上所述我们认为,蟹假果摄读ai-a-ɔ序列为赣方言之常态。

4.3　湘方言之a-o-ʊ序列

湘方言的蟹假果摄,在音类上并未超出赣方言,但音值差别较大,其a-o-ʊ序列不仅是湘方言区别于周边大方言的重要特色,也是湘方言内部差异的主要表现。

陈晖（2006:94—97）列举了28个湘方言点蟹摄开口一二等今读,我们以蟹摄开口二等是否有-i尾为一级分类标准,重新整理如表4-2（表中"带"字今读代表泰韵）。

表4-2　湘方言蟹摄开口一二等今读

-i尾	二等	带字	一等非帮组	一等帮组	分片	方言点	小计
有		ai		ei、i	长益片	长沙、湘潭、株洲、湘阴、南县、益阳、沅江	15
					娄邵片	邵阳、城步、新宁、绥宁、安化（东坪、梅城）	
					衡州片	衡阳	
					永州片	祁阳	
无		æ		ɤ	娄邵片	新化	5
				ei、i	长益片	宁乡、桃江（ε）	
					衡州片	衡山	
		a		ei	娄邵片	武冈	
		a	e、ue	e	娄邵片	娄底、涟源（桥头河、蓝田[æ]）、双峰	8
			ai、uai	ai	娄邵片	湘乡	
			ai、e		辰溆片	泸溪	
			ei、ε	ei		溆浦	
			e		娄邵片	宁乡（老粮仓）	

表中有以下两点最值得注意：

（1）蟹摄二等有无-i尾，分别以新湘语（长益片）、老湘语（娄邵片）为中心向周围扩散，但并不严格以之为界。老湘语区的邵阳等地音值、音类跟新湘语完全一致，新化跟新湘语的音类一致。

（2）在老湘语区，蟹摄二等无-i尾，哈泰有别与一二等有别三者具有强烈相关性。娄底、涟源、双峰、湘乡等地蟹摄一二等不合，舌齿音声母哈泰亦能区分，哈韵读e、ue、ai、uai之类，但均不读同二等的前a。

湘方言果假摄今读，我们以麻二音值为分类标准，将陈晖（2006）中的材料重新整理如表4-3。

表4-3　湘方言果假摄今读

歌	戈三主元音	麻二			麻三		小片	方言点	小计
		非见系声母	见系声母白读	见系声母文读	白	文			
o		a		ia	ie、iε、i		长益片	长沙、湘潭、株洲、湘阴、南县、益阳、沅江、桃江	19
							娄邵片	安化(东坪)、新化、邵阳、邵东、武冈(ɑ)、城步、新宁、绥宁	
							衡州片	衡阳、衡山(ɑ)	
							永州片	祁阳	
ʊ		a		ia	iε		长益片	宁乡(城关)、安化(梅城)(ɑ)	2
ʊ	o	o、a	o、io、ia	io	io	ia	娄邵片	娄底、涟源(桥头河、蓝田)、双峰、湘乡、宁乡(老粮仓)	8
							辰溆片	泸溪、溆浦(ɒ)	

可见,歌麻主元音序列呈ʊ-o序列的方言点集中于娄邵、辰溆两片,但娄邵片也有大片地区呈o-a序列,其中邵阳、城步、新宁、绥宁、安化东坪蟹摄二等有-i尾,因此蟹假果摄音值、音类表现都接近长益片;新化、武冈蟹摄开口一二等合流且失落-i尾,故音类接近长益片而音值小有差异。

4.4　鄂东南方言的东西差异

4.4.1　字音对照表

鄂东南方言止蟹假果摄字音对照如表4-4(等号为承上省,斜线前白后文)。

表4-4　鄂东南方言止蟹假果摄字音对照表

方言点		阳新	大冶	通山	咸安	嘉鱼	蒲圻	崇阳	通城	监利
蟹开二並	排牌	₌pʰæ	₌pʰæ	₌pa	₌pʰa	₌pʰai	₌bai	₌bæ	₌bai	₌pʰai
假开二並	爬	₌pʰɒ	₌pʰɔ	₌pɒ	₌pʰɑ	₌pʰɒ	₌ba	₌bɑ	₌ba	₌pɑ
果合一並	婆	₌pʰo	₌pʰo	₌pu波	₌pʰə	₌pʰo	₌bo	₌bø	₌bo	₌pʰo/₌pu波
遇合一並	菩	₌pʰu	₌pʰu	₌=	₌pʰu	₌pʰu	₌bu	₌bu	₌bu	₌pʰu
蟹开四帮	闭	₌pəi	pei²	pæi²	pæ²	pi²	pi²/pei²	pi²	pi²	pei²
止开三帮	臂	=ˌ	=	=ˌ	₌=碑	=	pi²	=ˌ	pi²ˌ	=
蟹合一帮去	背	₌=	=	=²	=²	=(₌pei平)	pi²/pei²	=²	pi²	=
代定	袋	₌tʰæ	₌tʰæ	tɒe²	tʰa²	tʰai²	dai²	dæ²	dai²	hai²
泰定	大	=大小/₌tɒ	=大小/₌tɔ	ta²	=	=	=/da²	=	=	=①/tɑ²ˌhɔ²
蟹开一从	财	₌tsʰæ	₌tsʰæ	₌tsa	₌tsʰa	₌tsʰai	₌dʑai	₌dʑæ	₌dʑai	₌tsʰai
蟹开二崇	柴	=	=	=	=	=	=	=	=	=
假开二澄	茶	₌tsʰɒ	₌tsʰɔ	₌tsɒ	₌tsʰɑ	₌tsʰɒ	₌dʑa	₌dʑɑ	₌dʑa	₌tsʰɑ
假开二崇	查	=	=	=	=	=	=	=	=	=
假开三船	蛇	₌sɒ/ₐʂɒ	₌sɔ/ₐʂɔ	₌sɒ/se²社	₌sɑ/ₐse	₌sɒ/ₐsə	₌sa/ₐse	₌sa/sə舍	₌sa/ₐse	₌sə
戈从	坐	₌tsʰo	₌tsʰo	tsø²	tsʰə²	tsʰo²	dʑo²	dʑø²	dʑo²	tsʰu²
遇合三心	絮	₌sɐi	sɐi²	sæi²	sæ²	ɕi²	ɕi²	ɕi²	ɕi²	ɕi²
蟹开四心	细	=	=	=	=	=²	=²	=	=	=²
蟹合三心	岁	=	=	=	=	=/sei²	=	=	=	sei²
蟹合一心	碎	tsʰ=/=	tsʰ=²	tsʰ=²	ts=²罪	tsʰei²	dʑi²/dʑei²	dʑ=²罪	dʑ=²	tsʰei²

续表

方言点		阳新	大冶	通山	咸安	嘉鱼	蒲圻	崇阳	通城	监利
止合三精	醉	꜀ts=	ts=꜔	ts=꜔	꜀ts=嘴	tɕi꜔	tɕi꜔/tsei꜔	tɕ=꜔	tɕ=꜔	tɕi꜔/tsei꜔
止合三知	追	꜀tɕyəi	꜀tɕyɐi	꜀tɕyæi	꜀tɕyæ	꜀tɕyei	꜀tʂʮi	꜀kui	꜀kui	꜀tsuei
蟹合三书	税	꜁ɕ=	ɕ=꜔	ɕ=꜔	ɕ=꜔	—	ʂʮi꜔	fi꜔	ɕy꜔	s=꜔
止合三书	水	꜀ɕy/ꜛ=	꜀ɕy/ꜛ=	꜀ɕy/ꜛ=	꜀ɕy/ꜛ=	꜀ɕy	꜀ʂʮ/ꜛ=	꜀=	꜀=	꜀=
止开三从	瓷	꜁tsʰʅ	꜁tsʰʅ	꜁tsʅ	꜁tsʰʅ	꜁tsʰʅ	꜁dʑʅ	꜁dʑʅ	꜁dʑʅ	꜁tsʰʅ
止开三澄	池	=	=	=	=	꜁tsʅ	꜁dʑʅ	=	=	=
止开三崇	事	꜁sʅ	꜁sʅ	sʅ꜔	sʅ꜔	sʅ꜔	sʅ꜔	sʅ꜔	sʅ꜔	sʅ꜔
止开三禅	市	=	=꜔	=꜔	=	sʮ꜔	sʮ꜔	=	=	sʮ꜔
蟹开三禅	誓	=	=꜔	=꜔	=	=	=	=	=	=
蟹开一见	该	꜀kæ	꜀kæ	꜀kə	꜀ka	꜀kai	꜀kai	꜀kæ	꜀kai	꜀kai
蟹开二见	街	=/꜀tɕiæ	=/꜀iæ岩	꜀ka/꜀tɕia	=/꜀ɕiai谐	=/꜀tɕiai	=/꜀tɕiai	꜀ɕia꜔懈	=	=/꜀ɕiɛ谐
假开二见	家	꜀kɒ/꜀tɕiɒ	꜀kɔ/꜀tɕiɔ	꜀kɒ/꜀tɕiɒ	꜀kɒ/꜀tɕiɒ	꜀ka/꜀tɕia	꜀ka/꜀tɕia	꜀ka/꜀tɕia	꜀tɕia
假合二见	瓜	꜀kuɒ	꜀kuɔ	꜀kuɒ	꜀kua	꜀kuɒ	꜀kua	꜀kuɑ	꜀kua	꜀kuɑ
果开一见	歌	꜀ko	꜀ko	꜀kø	꜀kə	꜀ko	꜀ko哥	꜀kø	꜀ko	꜀ku
果合一见	锅	=	꜀uo②/=戈	=	꜀kuə	=	=	=	꜀kuo	=
遇合一见	姑	꜀ku	꜀ku	꜀ku	꜀ku	꜀ku	꜀ku	꜀ku	꜀ku	=
蟹合一见	会会计	꜀kʰuæ	꜀kʰuæ	kʰua꜔	kʰua꜔	kʰuai꜔	kʰuai꜔/guai꜔	꜀uæ	uai꜔	kʰuai꜔
蟹合二溪	快	=	=	=	=	=	guai꜔	=	=	=

续表

方言点		阳新	大冶	通山	咸安	嘉鱼	蒲圻	崇阳	通城	监利
蟹合一匣	会开会	ˎxuəi	ˎxuɐi	xuæi²	fæ²	xuei²	huei²	fi²	fi²	xuei²
蟹合二匣	话	ˎxuɒ	ˎxuɒ	uɒ²/xuɒ	xuɒ²	xuɒ²	hua²	uɒ²	ua²③	xuɒ²
蟹开四见	鸡	ˎtɕi	ˎtɕi	ˎtɕi	ˎtɕi	ˎtɕi	ˎtɕi	ˎtɕi	ˎtɕi	ˎtɕi
止开三见	机	=	=	=	=	=	=	=	=	=
蟹合四见	桂	ˎkuəi	kuɐi²	kuæi²	kuæ²	kuei²	kuei²	kui²	kui²	kuei²
止合四见	贵	=	=	=	=	=	=	=	=	=

注：①大小之"大"，监利城关为ho²，南部柞木乡为hai²。

②锅，疑为镬，入声。

③画fa²。

4.4.2　舒声来源音类比较

观察鄂东南方言阴声韵演变须以蟹摄为突破口。蟹摄二等音值明显分为两类：西部的嘉鱼、蒲圻、通城、监利四点有-i尾，且蟹摄一二等均已合并，因此从音类到音值都与赣北昌靖片的湖口、星子、永修等地以及鹰弋片的波阳、横峰等地如出一辙；而东部的阳新、大冶、通山、咸安外加西部的崇阳五点无-i尾，其麻二为ɑ（咸安、崇阳）、ɒ（阳新、通山）甚至为合入效摄的ɔ（大冶），但均不读前a。从音值上看，蟹摄二等、麻二跟果摄正好组成形如老湘语的ɑ-ɒ-o序列，但两者在音类来源的细节上存在较大差异。

由于四县方言跟湘方言入声都已舒化，因此这三类韵母要分舒入两个来源加以讨论。崇阳跟湘方言的多个点还广泛存在阳声韵转入阴声韵的情况，但通过历史比较法和《切韵》音系可以相当肯定地认为，这些是经鼻化韵而来的晚近演变,因此我们在后续讨论中不再涉及中古阳声韵来源的a类韵。此外,由于鄂东南方言音值跟湘方言无法完全对应,为避免指称混乱,我们将三类韵母分别称为前a、后ɑ跟高o。

虽然鄂东南五县跟娄底等老湘语区蟹摄二等均读为前a,但蟹摄一等却各有参差,老湘语的情况已见上文,下面列出鄂东南方言蟹摄开口一二等今读情况(斜线前白后文):

表4–5　鄂东南方言蟹摄开口一二等今读

–i	二等、咍韵精组、泰韵		一等见系	咍韵端组	一等帮组	分片	方言点
有	ai				i	西片	蒲圻、通城
					i/ei	中片	嘉鱼
无	æ				(参右注)	东片	阳新ɐi、大冶ɐi、崇阳i
	a				æ		咸安
	a		ə	œ	æi		通山

老湘语娄底、涟源、双峰、湘乡等地蟹摄一二等不合,舌齿音声母咍泰亦能区分,咍韵读e、ue、ai、uai之类,但均不读同二等的前a。而鄂东南东片方言除通山一点蟹摄开口一二等能分(该₌kə≠街₌ka)、继而端组字咍泰能分(袋tœ²≠大ta²)之外,其他四点皆不能分,咍泰俱入二等,读为前a。显然,这四点蟹摄-i尾的失落要晚于一二等的合流,其表现与新化等地最似。而通山蟹摄-i尾失落之时,一二等尚能分别。若忽略娄底等地蟹摄一等的开合异动,则通山与之最似。

或疑之曰:阳新等四县,先失落-i尾再行合并,有何不可?我们从三方面来回答这个问题。

(1)上文我们引用熊燕(2004)的研究已经发现,赣方言蟹摄一二等北合南分的趋势十分明显。有合流的方言点——平江、湖口、星子、永修、安义、都昌、波阳、横峰、乐平,跟鄂东南方言一样,地处官话—非官话分界线。其与鄂东南地缘相近,存在较为明确的移民关系。

（2）从我们所见的大冶（金湖a-ai）、阳新（国和ɐ-ɐi）与咸宁（马桥ʌ-ɛ）三点材料来看,虽然音值有所差异,但音类都跟阳新等四县相同。

（3）如果认为四县是先失-i尾再合并,即认为通山代表四县早期阶段的话,就会跟汉语语音史的一条重要的蕴涵共性相左。如将果假摄合并为一个外转韵摄,显然中古-i尾的蟹摄与-u尾的效摄,在未脱落韵尾的情况下,一二等合并的速度要比无韵尾的果假摄更快、时间更早。事实上,果假摄一二等合流的方言十分罕见。而果假摄一二等已合流,蟹摄、效摄一二等仍保持对立的方言,在我们了解的范围内,尚未看到。

因此我们认为,在无韵尾的情况下,主元音发生"中和"的可能性降低,亦即,由于组合关系上的限制,有尾阴声韵对主元音的区分度比无尾韵少。正是这样,老湘语、北部吴方言的蟹摄一二等（及哈泰韵）才能较为稳固地保持对立,其合流只能通过文读的扩散缓慢实现。通山的情况与之相似,只是哈泰韵的泥来母及精组字整齐地并入二等。

然而更大的差异还在入声来源。

4.4.3　入声来源音类比较

先看湘方言的情况。据陈晖（2006:126,111）的研究,咸山摄入声二等见系（按:还应包括二等非见系和一等端系）字在娄底、涟源（桥头河）、涟源（蓝田）、双峰、湘乡、宁乡（老粮仓）6处韵母为a,与蟹开二韵母相同;长沙、湘潭等其余22处韵母为a（见系文读为ia）,与假开二同。

另一方面,梗摄入声白读与假摄白读读音相同,这在整个湘方言中非常一致。娄底、涟源（桥头河）、双峰、湘乡、宁乡（老粮仓）,假摄韵母为o、io、uo,涟源（蓝田）绝大部分字假摄韵母为o、io，少数字韵母为æ、ia，梗摄入声白读与之完全一致；其他湘方言点假摄白读韵母为a、ia，梗摄入声白读也与之完全一样。

我们将陈晖的结论列如表4-6（均为白读，仅列主元音）。

表4-6　湘方言咸山摄二等及梗摄入声归派

方言点	蟹开二	咸山摄入声二等①	假开二	梗摄入声
娄底、涟源（桥头河）、涟源（蓝田）、双峰、湘乡、宁乡（老粮仓）	a	a	o	o
长沙、湘潭等其余22点	ai	a	a	a

注：①以及一等端系和合口三等帮系，下同。

再将鄂东南方言跟湘方言的辖字做一比较。由于湘方言内部一致性较高，我们仅取双峰为代表。鄂东南方言中，大冶跟阳新一致，咸宁跟崇阳近似，故仅取阳新、通山、崇阳三点。简表如表4-7，详表如表4-8、4-9。

表4-7　阳新、通山、崇阳、双峰前a及后ɑ类韵母入声来源简表

舒源		摆	八	戴	答	来	辣	灾	扎	鞋	瞎	歪	袜
前a类	阳新	pæ	pɒ	tæ	tɒ	læ	lɒ	tsæ	tsɒ	xæ	xɒ	uæ	uɒ
	通山	pa		ta	tɒ		la	tsa	tsɒ		xa		va
	崇阳	pæ		tæ		næ		tsæ		hæ		uæ	
	双峰	pa		ta		la		tsa		xa		ua	
舒源		怕	拍	马	麦	沙	石	家	客	一	壁	借精	脊
后ɑ类	阳新	pʰɒ		mɒ		sɒ		kɒ	kʰɛ		piɒ	tsiɒ	
	通山	pʰɒ		mɒ		sɒ		kɒ	kʰɒ		piɒ	tsiɒ	
	崇阳	bɑ		mɑ		sɑ	tsɑ摘	kɑ	˙hɑ		piɑ	tɕiɑ	dʑiɑ喫
	双峰	pʰo		mo		so	ɕio	ko	kʰo		pio	tɕio	

注：例字舒入相配，不计声调，有文白异读者皆取白读。

表4-8　阳新、通山、崇阳、双峰前a类韵母入声来源表①

舒源	阳新		通山		崇阳		双峰②	
	音值	入源	音值	入源	音值	入源	音值	入源
摆	pæ	—	pa	八	pæ	八	pa	八拔
派	pʰæ	—	pʰa	—	bæ	拔	pʰa	—
买	mæ	—	ma	—	mæ	—	ma	—
—	—	—	fa	发伐筏阀	fæ	乏法发伐筏罚	—	—
戴	tæ	跌	ta	跌b	tæ	答搭跌指b	ta	答搭达
泰	tʰæ	—	tʰa	—	dæ	达塌踏榻塔溻獭	tʰa	塌踏榻塔獭
来	læ	—	la	辣癞瘌捺（na）	næ	腊蜡辣	la	纳捺腊蜡辣
灾	tsæ	—	tsa	—	tsæ	扎札窄	tsa	扎札杂闸
猜	tsʰæ	—	tsʰa	察擦	dʑæ	察擦插	tsʰa	察擦插铡
腮	sæ	—	sa	杀煞萨刹塞（阴去）	sæ	杀萨	sa	杀煞霎
街b	kæ	—	ka	—	kæ	夹甲b	ka	夹甲
揩	kʰæ	—	kʰa	—	—	—	kʰa	掐恰
矮	ŋæ	—	ŋa	【咬】	ŋæ	鸭押轧压b【咬】	ŋa	鸭押b压
鞋	xæ	挟	xa	瞎	hæ	瞎掐	xa	瞎狭匣
乖	kuæ	—	kua	刮括	kuæ	刮	kua	刮括割合b葛
快	kʰuæ	—	kʰua	—	—	—	kʰua	渴阔
怀	xuæ	—	xua	滑猾	—	—	xua	法乏伐罚发w合b盒b活b
歪	uæ	—	va	挖b袜b（阳去）	uæ	挖b袜b	ua	滑袜

注：①涂黑者为非咸山摄二等来源之字，训读字以方括号示之，文白读标以w、b。
　　②双峰ia韵母主要为咸山摄三四等、深臻曾摄以及梗摄文读来源，与本书讨论无关，故不列入。ua韵母仅列能与鄂东南对应的四个声母。

表4-9 阳新、通山、崇阳、双峰后ɑ类韵母入声来源表

舒源	阳新		通山		崇阳		双峰	
	音值	入源	音值	入源	音值	入源	音值	入源
巴	pɒ	八	pɒ	白b(阳去)柏b	pa	百伯柏	po	伯b
怕	pʰɒ	拍b拔	pʰɒ	拍	ba	白帛魄帕泊拍卜	pʰo	白b拍b泊
马	mɒ	麦b抹	mɒ	麦b茉(皆阳去)	ma	麦抹	mo	麦b抹
—	fɒ	发乏伐阀罚法	fɒ	法	fa	滑猾(皆阳平)	—	—
打	tɒ	搭答跌	tɒ	达(阳去)答搭褡	ta	隻炙	to	隻b炙b
它	tʰɒ	达塌塔	tʰɒ	塌踏榻塔咤踏遢	da	尺赤b	tʰo	尺b赤b
拉	lɒ	纳捺腊蜡辣	nɒ lɒ	纳呐(皆阳去)腊蜡(皆阳去)邋	na	纳捺	—	—
榨	tsɒ	匝扎砸闸铡眨栅摘b隻b	tsɒ	摘b窄b隻杂(阳去)扎札眨铡砸	tsa	摘闸铡	tso	扎(摘tsua)
差	tsʰɒ	察擦插杂赤b尺b	tsʰɒ	拆尺b赤b插	dʑa	拆杂择	tsʰo	拆b择b
沙	sɒ	萨煞杀刹刷石b	sɒ	石b射b(皆阳去)	sa	刷	so	—
家b	kɒ	夹b	kɒ	隔b莢b夹b甲b1	ka	隔b	ko	—
卡	kʰɒ	掐	kʰɒ	客b甲b2掐	—	—	kʰo	客b
牙b	ŋɒ	压b押鸭b轭b	ŋɒ	轭b压b押鸭b轧	ŋa	额扼轭	ŋo	轭b
虾b	xɒ	瞎b狭b	xɒ	—	ha	客b	xo	—
—	piɒ	壁b	piɒ	壁b	pia	壁b	pio	壁b
—	pʰiɒ	劈b	pʰiɒ	劈b	bia	劈	pʰio	劈
—	liɒ	栎沥b	liɒ	沥b	dia	踢	tʰio	踢滴(tio)
借b	tsiɒ	脊b	tsiɒ	脊b	—	—	—	—
家w	tɕiɒ	夹w颊甲胛	tɕiɒ	甲w胛夹w莢w颊	tɕia借b	甲w	tɕio	脊b绩b

续表

舒源	阳新		通山		崇阳		双峰	
	音值	入源	音值	入源	音值	入源	音值	入源
卡w	tɕʰiɒ	恰洽吃	tɕʰiɒ	吃掐w（阴平）恰	dʑia斜	吃恰洽	tɕʰio	吃席b
虾w	çiɒ	狭w峡匣瞎w侠辖	çiɒ	匣（阳去）狭侠點峡	çia写	狭峡锡	çio	射石b锡b
爷	iɒ	压w鸭w押w	iɒ	压w鸭w押w	ia	压w	io	—
瓜	kuɒ	刮聒	kuɒ	—	kua	括	（ko）	—
夸	kʰuɒ	括［聊天］	kʰuɒ	［聊天］	（ua）	—	（kʰo）	—
花	xuɒ	滑猾	xuɒ	—	（fa）	—	（xo）	—
蛙	uɒ	挖袜	uɒ	—	ua	挖w（阴平）	（ua）	—

注：涂黑者为非梗摄来源之字，方括号表示有音无字，文白读标以w、b。

可见，阳新前a类韵母鲜有入声来源，其咸山摄入声二等舒化后一概读同假摄的后ɑ类韵母，跟梗摄相混。通山、崇阳的前a类韵母绝大多数为咸山摄入声二等来源，这与双峰一致。但两地后ɑ类韵母均不同程度地混入了咸山摄入声二等字，就字数而言，通山的混并甚于崇阳。咸山摄入声见系字，崇阳大致为白读属前a、文读归后ɑ，通山则文白皆读后ɑ；端知系字两地皆无明显的文白分野，呈现出由前a而后ɑ的词汇扩散式音变，惟通山之速远胜崇阳。

4.4.4　类型归纳

通过对鄂东南方言及湘方言前a、后ɑ两类韵母舒入两个来源的各自比较，我们不难发现，虽然两地方言蟹二、假二跟果摄都呈现出吴楚方言式的前a、后ɑ与高o序列，然而前a、后ɑ两类韵母辖字却各有参差甚至大相径庭，如表4-10所示。

表4-10　鄂东南方言及双峰的类型归纳

方言点	蟹一①	蟹二	咸山入声二等	梗摄入声②	假二
双峰	e、ue（泰ɑ）	前ɑ类		后ɑ类	
通山	œ端、ə见（泰œ）	前ɑ类	前ɑ向后ɑ归并	后ɑ类	
崇阳、咸宁	前ɑ类		前ɑ向后ɑ归并	后ɑ类	
阳新、大冶	前ɑ类		后ɑ类		

注：①非帮系,下同。
　　②梗摄入声不包括曾梗合流的层次,下同。

　　咸山摄入声双峰归蟹二,阳新归假二,通山、崇阳则处于由蟹而假的归并进程之中,蟹二读前a是四种类型唯一的交集。阳新咸山梗摄入声皆读后ɑ,说明咸山摄、梗摄入声舒化后主元音相同,且与假二主元音亦同,三类合流之后再共同参与假二的后化过程。而双峰假二的后化仅限梗摄参与,与咸山摄无关。在崇阳的早期,咸山入声二等应尽属前a,与蟹二音同。就现有材料,我们无法找出阳新咸山摄、梗摄入声有别的痕迹(惟"跌"字可能反映三四等有别),因而不能推论,阳新由崇阳发展而来,故仍分两型。

　　再将蟹一合并考虑,显然双峰、通山及崇阳、阳新各为一类,后者蟹摄一二等的合流要早于蟹二-i韵尾的脱落。以文白异读状况而论,通山早期极有可能与双峰一致,今暂归一型。

4.4.5　ai韵母的再生与再单化

　　虽然阳新、大冶、通山、咸安、崇阳五地蟹摄一二等都失落-i尾,但前三者与后两者并不一样:阳新、大冶、通山音系中仍有-i尾韵母,而咸安、崇阳音系中则全无-i尾存在,相关音类整理如次页表4-11(斜线前白后文;梗摄仅限并入曾摄的文读)。

　　从通城、崇阳的i,到阳新的əi、大冶的iə,再到通山的æi,裂化并发低化的过程十分显著。蒲圻i白、ei文,恰好处于接触状态,嘉鱼则按声母条件呈互补分布。

　　蟹止摄开口局限于帮系与端系声母(止摄端系仅限端、泥二组),蟹止摄合口则遍及所有声母(止摄知章组仅文读)。由于入声演变阶段并不相同,阳新等三地的裂化、低化显然并不直接承自通城,亦即,裂化音变发生时,深臻曾梗摄入声塞尾已十分弱化、甚至已经混入蟹止摄开口三四等。而通城入声白读存在鼻塞尾,阻塞色彩很强。除蟹摄合口一等见系字外(如"灰"),三地跟崇阳音类颇为一致,可能暗示出某种早期的联系。

　　咸安音类也与三地完全一致,但本已裂化、低化的ai或æi重又单化为æ。我们查阅咸宁马桥的材料,该音类记为略高的ɛ,可证咸安所记不虚。由于咸安蟹摄开口一二等在第一次单化后即已变a,麻韵又后化为ɑ,再加上二次单化而来的æ,因此呈现出密集的低元音对立。

表4-11　鄂东南方言ai韵母的再生与再单化

韵母条件	声母条件	例字	通城	崇阳	蒲圻	嘉鱼	阳新	大冶	通山	咸安
遇三白	端系	徐须			i					
蟹开三四	帮系	闭	i	i	i/ei	i	əi	ɿa	æi	æ
	端系	弟			i					
	知系	世	ɿ	ɿ	ʅ	ʅ	ɿ	ɿ	ɿ	ɿ
	见系	鸡					i	i	i	i
止开三	帮系	皮	i	i	i	i	əi	ɿa	æi	æ
	端泥组	梨								
	精庄组	四	ɿ	ɿ	ʅ		ɿ	ɿ	ɿ	ɿ
	知章组	纸			ʅ	ʅ				
	见系	旗					i	i	i	i
蟹合一	帮系	杯	i	i	i/ei	ei	əi	ɿa	æi	æ
	端系	队				i				
	见系	灰	uei	uei	uei	uei	uɜi	uɐi	fæi	fæ
蟹合三四	帮系	肺	i	i	i/ei	ei	əi	ɿa	æi	æ
	端系	岁				i				
	知系	税	y	fi	ɥi	—	yei	yɐi	yæi	yæ
	见系	桂	ui	ui	uei	uei	uɜi	uɐi	uæi	uæ

续表

韵母条件	声母条件	例字	通城	崇阳	蒲圻	嘉鱼	阳新	大冶	通山	咸安
止合三	帮系	飞	i	i	i/ei	ei	əi	ɐi	æi	æ
	端系	嘴	i	i	i/ei	i	əi	ɐi	æi	æ
	知章组	水	y	ɦi	ʮ/ɥi	y	y/yəi	y/yɐi	y/yæi	y/yæ
	见系	龟	ui	ui	uei	uei	uəi	uɐi	uæi	əu
深臻开三	帮系	笔	iʔn/iʔ	i	iʔ	i	əi̯	ɐi̯	æi̯	æ̯
	端系	七	iʔn/iʔ	i	iʔ	i	əi̯	ɐi̯	æi̯	æ̯
	知章组	十	əʔn	ə	ʮ̩	ʅ	ʅ	ʅ	ʅ	ʅ
	见系	急	iʔn/iʔ	i	iʔ		i	i	i	i
曾梗文开三	帮系	壁	iʔ	i	iʔ	i	əi	ɐi	æi	æ
	端系	席	iʔ	i	i̥ʔ	i	əi	ɐi	æi	æ
	知章组	直	ɤʔ	ʅ	ʮ̩ʔ	ʅ	ʅ	ʅ	ʅ	ʅ
	庄组	色	ɛʔ	iɛ	eʔ	ə	ɛ	æ	ɛ	e
	见系	极	iʔ	i	iʔ	i	i	i	i	i

第五章　韵母各述之二——遇效流摄

5.1　通语遇效流摄的演变

通语遇效流摄的主要演变如图5-1。

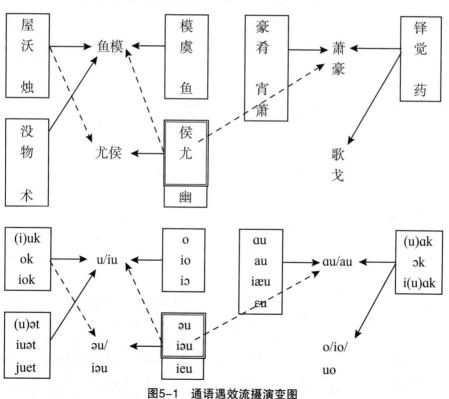

图5-1　通语遇效流摄演变图

通语效流摄演变的两个特点是：-u尾保持稳定，效流两摄音类相对封闭。

（1）-u保持稳定，这是从《切韵》到《中原音韵》再到普通话，效流两摄音类保持稳定的最为重要的结构因素。今天的山东、山西以及河洛地区方言，效摄单化为ɔ的现象也十分普遍，但并不涉及流摄，可见这是效摄晚近的演变，并非音节结构的调整。

（2）除有入声韵并入之外，效流两摄音类相对封闭，即：一方面效流摄极少跟其他阴声韵相混（仅流摄唇音字有混入遇摄），另一方面效流两摄之间也绝不相混（除"彪、廖"等极少数特字）。效摄始终占据a主元音（未单化时），而流摄始终占据ə主元音，-u尾阴声韵保持高低两级对立。

5.2　效摄-u尾的湘赣差异

湘赣方言效流两摄的音值差异十分显著，我们仍引述前人研究加以概括。熊燕（2004）对赣方言效流摄今读类型的考察至为细密，我们整理如表5-1（等号表示与流摄一等合流，"x"表示豪肴有别）。

表5-1　客赣方言效摄今读类型

-u尾	豪肴	宵萧		小片	方言点	小计
		知章组	非知章组			
有	au	au	iau	昌靖片	修水（1、2）、湖口、安义、奉新x	18
				鹰弋片	弋阳、波阳、横峰	
				抚广片	南城x、建宁、宜黄x、黎川x	
				宜浏片	萍乡、浏阳	
				吉茶片	吉安、井冈山、莲花	
				怀岳片	宿松	
	au		iəu	昌靖片	都昌	1

续表

-u尾	豪肴	宵萧 知章组	宵萧 非知章组	小片	方言点	小计
有	au	εu =	iεu	昌靖片	南昌1、高安x、永修、星子	10
				鹰弋片	乐平	
				抚广片	东乡、临川	
				宜浏片	新余（1、2）、万载	
	au	æu =	iεu	宜浏片	宜丰、上高	2
	au	εu =	iau	平江1（昌靖），南丰（抚广），吉水（吉茶）		3
	u		ieu	鹰弋片	余干	1
无	ɒ		iɒ	吉茶片	茶陵1、永新	3
	ɒ	ø =	iø	大通片	阳新	

可见赣方言效摄以带-u尾为常。熊燕所举38个赣方言点，效摄四等均带-u尾的有35个，不仅数量上占绝对优势，地理分布上也覆盖了赣方言核心地区。四等全无-u尾的仅3点，绝非赣方言的主流。正如熊燕指出的那样（第85页）：

后化型（笔者按：指无-u尾型）除阳新在鄂东南外，主要集中在江西中南部及其毗邻的湘东、闽西地区，从西到东依次有：茶陵1、永新、泰和、大余、上犹、南康、赣县、安远、于都、长汀。

湘方言效摄今读我们据彭建国（2006：114—115）整理如表5-2。

表5-2　湘方言效摄今读

-u尾	豪肴	宵韵知章组	宵萧	肴韵见系文读	小片	方言点	小计
有	au		iau		长益片	长沙、靖州腔①、益阳、沅江、岳阳、株洲、湘潭（aɯ）、夹山腔（ɑu）	22
					娄邵片	安化、邵阳、灌阳	
	au		iau		长益片	衡阳、绥宁、长乐（宵萧另有ei、iəu）	
					娄邵片	祁阳、城步、全州、武冈（ɑu）	
					吉溆片	辰溪（ɑu）	
	uə		iəu		娄邵片	泸溪	
	ou	ou、iou		iou	长益片	衡山、衡东	
过渡型	ɔɔ		iɔɔ		娄邵片	韶山	3
	ɑʌ		iɑʌ		吉溆片	溆浦	
	ao	ao、iao		iao	娄邵片	湘乡	
无	ɔ		iɔ		长益片	宁乡、桃江	6
	ə		ə、iə	ə	娄邵片	涟源	
	ə	ə、iə		iə	娄邵片	双峰	
	ə		ei		娄邵片	蓝田、娄底（ɤ）	
韵基有别	ɔ		iə		娄邵片	新化	4
	uə		iəu		娄邵片	洞口	
	uə		iə		娄邵片	隆回	
	au	yo	iə		娄邵片	白溪	

注：①靖州，《中国语言地图集》靖县归西南官话岑江片。

　　跟赣方言相比，湘方言效摄韵尾显得杂乱无章，但大体上的分布规律是长益片有-u尾，主元音多为低元音a；娄邵片无-u尾，主元音多为央元音ə。

　　湘乡的韵尾为o，溆浦的韵尾为ʌ，韶山的韵尾为ɔ，都是韵尾收音不到位造成的。这种韵尾收音不到位现象，实际上可能是复合元音单元音化过程中的中间阶段。贺凯林（1999：19）指出淑浦的"二合元音[ɯ ʌ ei ɤu]的实际发音接近单元音"可以为证。我们据此将韶山、淑浦、湘乡列为过渡型。

5.3　侯韵-u尾及主元音的湘赣表现

在不分一二等的情况下，赣方言效摄一二等主元音一般为a，跟官话近似。但流摄一等主元音赣方言跟官话差别较大，成为其偏离标准语的重要因素。我们仍据熊燕（2004：102—106）概括赣方言流摄今读类型如表5–3（加"*"表示见系有-i-介音）。

表5–3　赣方言流摄一等（含流摄三等庄组、非组）今读类型

主元音	-u尾	类型	小片	方言点	小计
+前	有	ɛu	昌靖片	南昌1*、高安*、湖口、星子、永修、平江1	20
			鹰弋片	乐平*、余干	
			抚广片	东乡*、临川、黎川	
			宜浏片	新余（1*、2*）、宜丰*、上高*、万载*，浏阳*（iau）	
			吉茶片	吉安、井冈山，吉水*（iau）	
		iɛu		南丰、宜黄（以上抚广），弋阳（iu）（鹰弋）	3
		(i)au	昌靖片	安义、奉新（两地见系为iau，非见系为au）	2
	无	i介音		永丰（ia）、泰和（iɤ）（以上吉茶），横峰（ci）（鹰弋）	3
		iɜ		修水（1、2[昌靖]），醴陵1（宜浏）	3
		œ		萍乡（宜浏），永新、莲花、茶陵1（ø）（以上吉茶），阳新（ø）（大通）	5
-前	有	uɛ		宿松（怀岳）、都昌①（昌靖），波阳（ou）（鹰弋），建宁（抚广）	4

注：①都昌有au类文读。

对于侯韵的演变，我们认为主元音是否具[+前]特征比是否有-u尾更为重要，因此以前者为一级分类标准，后者为二级分类标准。实际分类结果为，

具[＋前]特征的点共计36个,远胜于不具[＋前]特征的4个。

我们对主元音[＋前]特征的认定并不局限于共时的音值,而更看重演变的表现,即侯韵在中古属无介音的一等韵,其今音如有-i-介音,则不论主元音音值为何都算作[＋前]。

对于高安、黎川、吉安等赣方言核心地区,这一判断十分自然。其侯韵主元音均为ε或e,而ε类元音滋生-i-介音是普遍音理驱动的结果,从表中可以清楚地看出,侯韵见系滋生-i-介音的点最多。另一方面,非见系滋生-i-介音仅限南丰、宜黄、弋阳三地,且其见系同样滋生-i-介音,即非见系滋生-i-介音蕴涵见系滋生-i-介音。据此不难得出"侯韵见系最先滋生-i-介音"的结论,其根源在于,同具[＋前]特征的主元音组合时,由于见系声母发音部位比非见系更靠后,因此跟[＋前]特征最不相容。-i-介音继而将见系声母腭化的情况亦广泛存在,非见系声母被腭化的情况则极为罕见。

但浏阳、吉水两点,非见系为εu,见系为iau,见系虽有-i-介音,但主元音并不[＋前];安义、奉新二地,见系为iau,非见系为au,主元音均不[＋前]。如果认为主元音a代表早期的情况,-i-介音的出现就无法解释。认为两型均以上述高安等地的赣方言主流类型为演变起点更为合理。而永丰的iɑ、泰和的iɤ跟横峰的io,主元音皆为[–前]甚至[＋后],但非见系与见系皆有-i-介音,同理可论,其最有可能由南丰型的iεu发展而来。

我们将上述五种类型列为表5–4,显然,表格左侧,主元音由ε变a最令人费解。由于鄂东南方言也有同样情形,我们留待下文考察。

表5–4　赣方言侯韵演变

代表点	奉新		吉水		高安		南丰		泰和
非见系	au	<	εu	<	ʊa	>	iɐu	>	iɤ
见系	iau		iau		iεu		iεu		iɤ

此外,侯韵带-u尾的方言点有30个,也远多于-i尾跟无尾两种类型。后两者,熊燕(2004:106)指出其主要分布在赣方言核心区的四角:

（i尾型方言）见于两类地区,一是客家话……另一是赣方言西北部的醴陵、修水等地。

（无尾型带-i-的方言）见于两类地区,一是赣东北的横峰、弋阳,二是赣西南的永丰、泰和、赣县等地。（无尾型不带-i-的方言）除阳新在鄂东南外,其他见于赣西南地区,如永新、萍乡、莲花、茶陵1、南康、安远,湘东的平江1也属于此类方言（笔者按:阳新、平江1均处西北）。

流摄三等更是除永丰、茶陵外皆收-u尾,如表5-5（斜线后为知章组失落-i-介音后的读音）,兹不赘述。

表5-5　赣方言流摄三等今读类型

-u尾	音值	方言点
有	iu	南昌1、星子、弋阳、横峰、上高、临川、南城、南丰、宜黄、吉安、泰和,万载、新余2（两地为iu/ʮ）
	iu/u	修水（1、2）、安义、乐平、奉新、余干、萍乡、澡溪、莲花（iu/œ）
	iu/ɒu	南昌2、永修、都昌、宜丰、醴陵、宿松、阳新、平江1、建宁
	iu/ɐu	高安、新余1、吉水
	iɛu	井冈山,湖口、浏阳（两地为iɛu/ɛu）
	iəu	黎川,波阳（iəu/ou）
无	iɤ	永丰
	iø/ø	茶陵1

我们再把主元音是否具[＋前]特征这一分类标准贯彻到湘方言,将彭建国（2006:119—123）中的35点湘方言材料整理如表5-6（斜线前白后文）。

表5-6　湘方言流摄今读

主元音	侯韵	尤韵			小片	方言点
		庄组	知章组	非知系		
+前	ei(ai)		iəu		娄邵片	城步、武冈(ai)
			iei			湘乡
	e		iʊ		娄邵片	双峰
			æu	iæu	长益片	衡东
	e (ie舌齿)		æu	iæu	长益片	衡山
			əu	iəu		夹山腔
	ei/ɤɯ	—	—	—		长益片:株洲、长乐、绥宁,娄邵片:泸溪,吉溆片:溆浦(ɤɯ)、辰溪(ai)
	iə		iu(io、iʊ)		娄邵片	蓝田、白溪、隆回、娄底
			iəu(iau)			新化、涟源(iau)
	iəu		iy			黄桥(洞口)、韶山(io~cɔ-io)
-前	əu			iəu	长益片	长沙、岳阳、宁乡、靖州腔、湘潭(əɯ)
					娄邵片	邵阳(əɯ)、安化、灌阳
	əu		iu			长益片:衡阳,娄邵片:祁阳、全州
	au(ɔ)		əu	iəu	长益片	益阳、沅江、桃江(ɔ)

　　如果说赣方言侯韵无论主元音是否[+前],带-u韵尾都是主流的话,湘方言从整体上看,主元音是否[+前]跟是否带-u韵尾呈现显著的相关性:除洞口和韶山外,主元音[+前]的点均无-u韵尾;主元音[-前]的点则无一例外都带-u韵尾。韶山的ɔ韵尾,上文提出可能是复合元音单化进程的反映,而洞口本身就受到赣方言的强烈影响,因此两地的情况对这一相关性影响不大。

　　从地理分布上看,带-u韵尾、主元音特征[-前]的点集中于长益片的核心区(湘江流域),而不带-u韵尾、主元音特征[+前]的点则集中于娄邵片。按中古全浊声母归派划归娄邵片的邵阳、安化、祁阳等地,侯韵表现从长益片而不从娄邵片,同上节蟹二是否带-i尾的情况相仿。

5.4 鄂东南方言的效流摄

5.4.1 字音对照表

鄂东南方言效流摄字音对照如表5-7(等号为承上省,斜线前白后文)。

表5-7 鄂东南方言效流摄字音对照表

方言点		阳新	大冶	通山	咸安	嘉鱼	蒲圻	崇阳	通城	监利
模並	菩	₍pʰu	₍pʰu	₍pu	₍pʰu	₍pʰu	₍bu	₍bu	₍bu	₍pʰu
豪並	袍	₍pʰɔ	₍pʰɔ	₍pɑu	₍pʰo	₍pʰau	₍bau	bɔˀ抱	₍bau	₍pʰau
肴並	跑	=	=	ꞈpʰ=	ꞈ=	ꞈ=	ꞈ=	ꞈ=	ꞈ=	=
宵並	苗	₍mi	₍miɛ	₍mieu	₍mie	₍miei	₍miau	₍miɔ	₍miau	₍miau
侯明	眸	ꞈmɛ	ꞈmɛ	pʰieu剖	ꞈme	ꞈme/mu	ꞈ=/₍mou	ꞈ=	ꞈ=	ꞈmou
尤奉	浮	₍fu/₍fɛ	₍fɛ	₍fɛu	₍fe	₍fei	fiau/₍fu	₍fiɔ	₍fiau	₍fou/₍fu
模定	杜	ꞈtʰau	ꞈtʰau	tau	tʰau²	tʰəu²	dou²	dəu²	dou²	hou²
豪定	稻	ꞈtʰɔ	ꞈtʰɔ	=	tʰo²	tʰau²	dau²	dɔ²	dau²	hau²
侯定	豆	ꞈtʰɛ	ꞈtʰɛ	tɛu²	tʰe²	tʰei²	diau²/dou²	diɵ	diau²	=杜
萧定	调音调	₍ti	₍tiɛ	tieu²	tie²	tiei²	tiau²	tiɵ	tiau²	tiau²
模心	苏	ꞈsau	ꞈsau	ꞈsau	ꞈsau	ꞈsau	ꞈsou	ꞈsəu	ꞈsou	ꞈsou
鱼生	梳	=	=	=	=	=	=	ꞈsɣ/=	ꞈsɣ/=	=
尤书	收	=	=	=	=	=	ꞈʂ	ꞈʂ	ꞈsəu	ꞈsou
尤生	搜	ꞈsɛ	ꞈsɛ	ꞈsɛu	ꞈse	ꞈsei	ꞈɕiau/=	ꞈɕiɵ	ꞈɕiau/₍sou	=
宵书	烧	=	=	=	=	ꞈsei	ꞈsau	ꞈsɔ	ꞈsau	ꞈsau
肴生	梢	ꞈsɔ	ꞈsɔ	ꞈsau	ꞈso	ꞈsau	ꞈsau		ꞈdʑau抄	=
模见	姑	ꞈku	ꞈku	ꞈku	ꞈku	ꞈku	ꞈku	ꞈku	ꞈku	ꞈku

续表

方言点		阳新	大冶	通山	咸安	嘉鱼	蒲圻	崇阳	通城	监利
豪见	高	꜀kɔ	꜀kɔ	꜀kɑu	꜀ko	꜀kau	꜀kau	꜀kɔ	꜀kau	꜀kau
肴见	跤	=交白	=	=²窖	=	=	=²窖	=²窖	=	=²窖
肴见	郊	꜀tɕiɔ	꜀tɕiɔ	꜀tɕiɛu	꜀tɕio	꜀tɕiau	꜀tɕiau	꜀tɕiø	꜀tɕiau	꜀tɕiau
宵精	焦	꜀tsi	꜀tɕiɛ	꜀tsiɛu	꜀tɕie	꜀tɕiei	=	=	=	=
萧见	浇	꜀tɕiɛ	=	=郊	=	=	=	=	=	=
侯见	沟	꜀kɛ	꜀kɛ	꜀kɛu	꜀ke	꜀kei	=/꜀kou	=	꜀tɕiau/꜀kiau	꜀kou
侯精	走	꜂tsɛ	꜂tsɛ	꜂tsɛu	꜂tse	꜂tsei	꜂=/꜂tsou	꜂=	꜂=/꜂tsou	꜂tsou
尤精	酒	꜂tsiu	꜂tsiu	꜂tsiu	꜂tɕiɑu	꜂tɕiəu	꜂tɕiou	꜂tɕiəu	꜂tɕiou	꜂tɕiou
尤见	九	꜂tsiau	꜂tɕiau	꜂tɕiu	=	=	=	=	=	=

5.4.2 效流关系

仅就有无-u尾而言,除嘉鱼之外,效摄一二等与流摄一等高度一致,东片无-u尾而西片有-u尾,如表5-8。

表5-8 鄂东南方言豪肴韵与侯韵韵尾情况

	阳新	大冶	咸安	崇阳	嘉鱼	通山	蒲圻	通城	监利
豪肴韵	无-u尾				有-u尾				
侯韵	无-u尾				有-u尾				

前面提到,晋、鲁二省效摄无-u尾亦常见,但其流摄却恒有-u尾。这种不同步演变至少暗示出,阳新等地-u尾脱落的时间及成因都跟晋、鲁方言有较大差异。然而音值只是表象,最重要的还是音类差别。鄂东南方言效流两摄,音类互有纠结,跟赣方言相似。孙宜志(2007:185)将这一现象称为效流摄重

组,并将江西赣方言的效流关系概括为奉新、都昌两种类型。今取孙先生书中例字,列为表5-9(除个别字外仅列韵母)。

表5-9　江西赣方言的效流摄重组

类型	豪	肴		宵萧				侯						
	宝	饱	交	苗	娇	招	少	亩	偷	楼	走	狗	厚	呕
奉新	au	au	au	iau	iau	tau	sau	au	au	au	au	tɕiau	au	ȵiau
都昌	au	au	iɛu文	iɛu	iɛu	tʂɛu	ʂɛu	ɛu	ɛu	ɛu	ɛu	kɛu	ɛu	ŋɛu

奉新型侯韵、宵萧韵与豪肴韵三者主元音相同,皆为a;都昌型侯韵主元音仅与宵萧韵相同,与豪肴韵有别,呈ɛ-a对立。自然,无论奉新型抑或都昌型,其效流二摄均有-u尾。

奉新型另有安义、武宁、宜丰、安福、吉水、贵溪6点,而都昌型涵盖昌靖、鹰弋、宜浏、吉茶、抚广5大区片,共25个点,数量上占优势。

两种类型的概括可能无法全面反映现实方言的复杂性,但却为我们观察鄂东南方言提供了思路。从上节对湘方言的整理也不难发现,效流摄重组现象在老湘语亦有表现。我们将前页字表进行归纳,同时以侯韵和豪肴韵音值为基准,选取湘赣方言点若干,列为表5-10。

表5-10　鄂东南及周边方言效流摄及模韵读音分合表

方言点	肴见系文读	豪/肴	宵萧		侯、尤非组	尤幽				模
			非知章组	知章组		庄组	非泥母端系	见系、泥母	知章组	端系
阳新、大冶	ɔi	ɔ	i(iɜ冶)		ɜ		iu	iɑu		ɑu
咸安C1a	io	o	ie		e			iɑu		ɑu
永新	—	ɒ	iɒ	ɒ	œ			iu		u

续表

方言点	肴见系文读	豪/肴	宵萧		侯、尤非组	尤幽				模
			非知章组	知章组		庄组	非泥母端系	见系、泥母	知章组	端系
双峰	iɤ	ɤ	iɤ		e		iu				ou
通山B1	iɛu	ɑu	iɛu		ɛu		iu				ɑu
高安	—	ou/au	iɛu		ɛu（iɛu见组）		iu		ɛu		u
嘉鱼C1b	iau	au	iei		ei		iəu				əu
修水	—	au	iau	au	ei		iu				u*
湘乡	iau	au	iau	（i）au#	ai		iɛi				u*
蒲圻、通城	iau	au	iau	au	iau		iou				ou*
奉新B2	—	ɒu/ʌu	iʌi	ʌu	ʌu（iʌu见组）		iu				u
韶山	ioɔ	oɔ	ioɔ	oɔ	ioɔ	uɛ	io				əu*
崇阳C2	iø	ɔ	iø	ɔ	iø	uɛi	iəu				əu*
泰和	—	ɔ	ci	ɔ	iɤ		iu				u
娄底	iɤ	ɤ	iɤ						io	iɤ	ɤu
监利A	iau	au	iau	au	ou				iou		ou
武汉	iau	au	iau	au	ou				iou		ou

注：* 模韵端精组有别，修水粗dʐʅ，湘乡祖tsiɛi，通城、崇阳梳ʂʅ，韶山祖coiʔ，永丰做tsʅ。
　　# 湘乡章组书母有-i-介音，烧ɕiau，招tau。

同湘赣方言类似的是，鄂东南方言的效流两摄层次并不复杂，但音类归并的内部差异较大，我们分为六组加以讨论。

A组：监利的情况最为简单，无论洪细，其效摄主元音皆为a，流摄主元音皆为o，这种效流摄主元音不混且效摄不分一二等是典型的官话表现。而模韵端系读入侯韵，更使得监利跟武汉的音类分合完全一致。

B1组：通山跟高安对应的齐整程度位列其次。通山豪肴不别，可以看作是高安的退化；两地侯韵主元音均为[＋前]的ɛ，因此见组有无-i-介音并不反映本质差异。到此为止，两地都可归入孙先生所概括的都昌型。然而，通山尤韵知章组、模韵端系跟肴（豪）韵合流，即收＝苏＝臊＝ˌsɑu；而高安三类皆不同音，尤韵知章组读入侯韵，即收＝走＝ɛu（只看韵母），根据都昌型的特点，"收"自然也与效摄三四等同韵。

　　C1a组：阳新、大冶、咸安三地音类基本相同。阳新、大冶两地的iu、iau二韵，实为尖团之别、存于韵母（未标地名的声母两地共用），如表5-11。

表5-11　阳新、大冶流摄三等的尖团之别

	p	t	l	ts阳新	ts大冶	tɕ阳新	tɕ大冶	n̠	Ø
iu	—	丢	柳	酒	—	—	酒	—	—
iau	—	—	—	—	—	九		牛扭	油

　　阳新iu、iau在共时组配上即互补，而iau仅拼见系声母及泥母（"扭、柳"韵母不同），因此二韵历史来源更是互补。大冶在阳新的基础上，声母尖团合流，但韵母仍有分别，故"酒、九"仍不同音。咸安则声、韵皆不能分尖团，故酒＝九＝ˈtɕiɑu，似可看作大冶的进一步合流。

　　虽然三地豪肴韵及侯韵韵尾表现跟永新、双峰较为接近，但在分合关系上反而不如跟高安接近。最突出的一点是，宵萧韵知章组，在鄂东南读入侯韵（烧＝收），与通山、高安皆同，而永新、双峰则读入豪肴韵（如双峰烧ɕiɤ、收ɕiʊ）。因此，若将通山效摄和侯韵的-u尾去掉，则与咸安并无二致（虽然通山声母分尖团而咸安不分），与阳新、大冶的区别也仅在iu、iau韵。

　　C1b组：只需将通山的ɛu换成ei，就能跟嘉鱼建立齐整的对应。由于ɛu、ei主元音相近，都具有［＋前］特征，我们认为二者存在明显的承继关系。

　　侯韵读-i尾广泛存在于吴方言和湘方言（如湘乡ai），在赣方言则较为罕见，据上节的整理，仅见于修水和醴陵（ɛi或ei）。彭建国（2006：125）提出了韵尾前化于先、韵腹低化于后的演变模式：

$*e\mu > e\mu > e\dot{\imath} > ei > \varepsilon i > \ae i > ai$

我们赞同彭先生的解释,但对eɯ、ei的演变过程提出保留。我们认为,-u韵尾可能并未经历前化而直接失落,作为代偿,其[+圆唇]特征传递到主元音e上,于是变为类似苏州的ɣ、ø类韵;继而合口变开口,成为类似无锡或苏州新派的ɛ、e类韵;而e非常容易滋生-i尾,成为修水和嘉鱼的ei;再发生彭先生所说的韵腹低化,成为湘乡的ai:

$*e\mu > ø > e > ei > \varepsilon i > \ae i > ai$

虽然嘉鱼跟修水、湘乡同处一条演变路径,但由于蟹摄开口一等已完全并入二等,因此不像后两者那样存在蟹流合流的情况:

嘉鱼:来lai≠楼lei

修水:来=楼=lei

湘乡:来=楼=lai

B2组:蒲圻跟通城,效摄不论洪细,主元音皆为a;侯韵虽滋生-i-介音,但主元音亦为a。从主元音侯韵与效摄合流这一层面来看,两地与奉新无异。但奉新侯韵滋生-i-介音仅限见系,而蒲圻、通城则遍及声母。

我们在第二节已经确认,主元音具[+前]特征、带-u韵尾是赣方言侯韵的常态。[+前]特征使得虽为一等的侯韵,屡屡滋生-i-介音,且滋生速度见系快于非见系。如果认为奉新型侯韵的a主元音存古,其见系滋生-i-介音的条件就很令人费解,而蒲圻、通城端系由au滋生-i-介音就更与音理不符。

孙宜志(2007:189)对奉新型成因的解释是:奉新型早期流摄一等为ɛu,滋生-i-介音后形成iɛu这样系统中没有的韵母,于是匹配为最为接近的iau,如表5-12。

表5-12　孙宜志（2007）对奉新型成因的解释

奉新型早期	效摄一二等	效摄三四等	流摄一等	流摄三等
	*au	*iau	*ɛu	*iu
奉新型今读	效摄一二等	效摄三四等	流摄一等	流摄三等
	au	iau	iau	iu

孙先生论点的关键在于，奉新型效摄三四等为iau，而非都昌型的iɛu，即奉新型效摄三四等主元音未受-i-介音影响发生都昌型的高化，因此侯韵滋生-i-介音后才会并入最为接近的iau。而并未滋生-i-介音的侯韵端系，主元音由ɛ变a，孙先生用类化说加以解释：

　　*iɛu变成iau，实质上是其中的ɛu变成了au，这使得读*ɛu的流摄其余声组字（笔者按：非见系声母）的韵母变成了au。

由于蒲圻、通城侯韵端系也有-i-介音，直接应用类化说，显然难以解释-i-介音来源。我们认为这两地代表了赣方言效流关系的第三种类型，即侯韵仍然滋生-i-介音，但宵萧韵主元音仍为a，效流两摄早期并不相混，抚广片的南丰、宜黄仍然反映了这一情况。在此之后，侯韵主元音再由ɛ类化为a，效流摄由此发生混并，即蒲圻、通城的情况。我们将上述三种类型及其演变过程汇总如下（阶段编号，十位代表演变类型或一级演变阶段，个位代表二级演变阶段）：

表5-13　赣方言效流摄演变类型及阶段（附韶山）

阶段编号	阶段类型、代表方言点	肴	宵萧	侯韵见系	侯韵非见系
10	都昌型	au	iɛu	ɛu、iɛu	ɛu
00	共同出发点	a̠u	iau	ɛu	
21	奉新型早期	au	iau	iɛu	ɛu
22	奉新今读	au	iau	iau	au

阶段编号	阶段类型、代表方言点	肴	宵萧	侯韵见系	侯韵非见系
31	蒲圻、通城、南丰、宜黄早期	au	iau	uɜ、uɜ	ɛu
32	南丰、宜黄今读	au	iau	iɛu	
33	蒲圻、通城今读	au	iau	iau	
34	韶山	ɔɔ	iɔɔ	iɔɔ	

排除豪肴有别以及模韵等因素,湘方言的韶山亦可归入这一类型。

C2组:崇阳的音类与通城、蒲圻完全一样,后者的au、iau分别失落-u尾即变为崇阳的ɔ、iø。由于失落-u尾是不可逆的音变,我们推断,崇阳是以通城或蒲圻为基础演变而来。

值得注意的是,虽然泰和与永新同属赣方言吉茶片,娄底与双峰同属湘方言娄邵片,但其侯韵的音值及归派却差异悬殊。泰和与娄底,侯韵音值接近崇阳,有-i-介音而无-u韵尾;音类则与宵萧韵较近甚至合流。两地侯韵主元音皆为ɤ,显然不具备[＋前]这一滋生-i-介音的基本条件,因此最有可能从赣方言的-iɛu、-iau类韵失落-u尾而来。

永新与双峰,侯韵音值接近大冶等地,既无-i介音又无-u韵尾,音类则与宵萧韵相距较远。尽管两地侯韵主元音皆具[＋前]特征,但并未滋生出-i-介音,因此更有可能是从赣方言侯韵未滋生-i-介音之前的ɛu直接失落-u尾而来。

最后,我们将鄂东南方言效流摄的演变类型及发展阶段概括如表5-14。

表5-14 鄂东南方言效流摄演变阶段表

A 监利				
B1	通山	>	C1a	阳新、大冶、咸安
			C1b	嘉鱼
B2	蒲圻、通城	>	C2	崇阳

彭建国（2006:118—123）将湘方言侯韵今读分为三个层次,如表5-15（为与本书区别,将彭文中的A、B、C层换为甲、乙、丙层）。

表5-15　湘方言侯韵今读层次表

代表点	音值表现	侯韵	尤韵知系	尤韵非知系
甲层长沙	ou类音,侯韵主元音为央后元音	əu	əu	iəu
乙层城步	ei类音,侯韵主元音为前元音,与蟹摄关系密切	ei	ei仅庄组 iəu知章组	iəu
丙1层蓝田	侯韵主元音为非前元音,但有-i-介音,与效摄细音合流	iə	iə仅庄组 io知章组	io
丙2层益阳	侯韵、尤韵庄组无-i-介音,与效摄洪音合流	au	au仅庄组 əu知章组	iəu

因此,鄂东南方言的A层对应湘方言的甲层,C1a、C1b对应乙层,C2对应丙1层。B1、B2则是纯粹的赣方言形式。

5.4.3　遇流关系

鄂东南方言模韵端系普遍高顶出位为ou、əu甚至au,其归并方向亦存在复杂表现。

首先必须明确,模韵端系作为一个音类,还包括鱼虞韵庄组字,以及已舒化或未舒化的通摄入声端系、知系字,即仅就韵母而言(不计喉塞尾),苏=梳（崇阳、通城为文读）=数=足=竹。这跟武汉、长沙等地表现相同。另外,无论效摄、流摄关系如何、音值为何,鄂东南方言尤韵知章组总是读入模韵端系,即苏=收（只看韵母）;而尤韵庄组总是读入宵韵知章组,即搜=烧（蒲圻、崇阳、通城还有声介因素）。相比之下,这两类尤韵字在湘赣方言内部却各有差异,难以看出类似鄂东南方言那样的一致性。

模韵端系是否存在高顶出位,可以视为湘赣差异的重要表现。赣方言模韵字韵母一般均为u,事实上,刘纶鑫(1999)所收23个赣方言点的模韵字,无一读为ou、au等复元音。赣方言模韵的一个特殊表现是:在修水、永修、新干、樟树、莲花、奉新、分宜等方言点,精组字读为ɿ,与止摄开口精组字混同(孙宜志2007)。这一现象在崇阳、通城亦有表现,二地"梳"有白读sɿ,与"思"同音。但这一读音仅限白读,且辖字十分有限。相反,梅县客家话读ɿ元音却是主体层次。

虽然舌尖元音ɿ也是u元音高顶出位的一种表现,但其性质不同于复化的ou类韵,在赣方言的主体也仅仅是一些残迹。而模韵读为复元音在吴、湘、粤、闽甚至官话都十分常见,我们据《汉语方音字汇》列如表5–16(斜线前白后文)。

表5–16　汉语大方言模韵复化情况

方言点	铺	图	祖	姑	破	驼	坐	哥	读	竹	谷
苏州	u	əu	əu	əu	u	əu	əu	əu	—	—	—
武汉	u	ou	ou	u	o	o	o	o	ou	ou	u
长沙	u	əu	əu	u	o	o	o	o	əu	əu	u
双峰	u	əu	əu	əu	u/ʊ	ʊ	ʊ	ʊ	əu	iʊ	əu
广州	ou	ou	ou	u	ɔ	ɔ	ɔ	ɔ	—	—	—
潮州	ou	ou	ou	ou	ua/o	o	o	o	—	—	—

表中六点,潮州模韵所有声母都读ou,其他五点端系皆读ou或əu(且精组并无ɿ类表现),帮组、见系则各有不同。苏州、双峰帮系读u,而见系读əu,广州则恰恰相反;武汉、长沙帮系、见系均不读复化。我们注意到,由于蟹假果摄链变的推动,苏州、双峰模韵读复元音有明显的高化动因,两地模韵帮组字均未复化则反映了声母对复化的阻力。

　　但武汉、长沙、广州显然并不具备这一音变背景,其复化集中于端系,广州一地扩展到了帮组。联想到日语"つ"今读为tsɯ,以及梅县模韵精组字韵母读为ŋ,这三地的复化更有可能是音节内部自身调整的结果。

　　上节我们提到,鄂东南方言虽然存在湘方言式的a-o-ʊ元音链变,但几乎都未波及果摄(惟通山果摄上升为ø),且鄂东南方言的模韵帮系、见系均读为u,跟武汉、长沙相同。因此我们认为,鄂东南方言模韵复化的性质属于音节内部的自身调整。

　　下面我们就将模韵端系的音值分为两类,I类为 əu,II类为ɑu,下辖子类用小写字母表示,列出其在鄂东南方言的归并类型,如表5-17。

表5-17　鄂东南方言模韵端系归并类型

类号	豪肴韵	侯韵	模韵端系音值	模韵端系归派	鄂东南方言点	其他方言点
Ia	au	əu	əu	流摄	监利	武汉、长沙
Ib	au	iau	əu	独立	蒲圻、通城	韶山
Ib'	ɔ	iø	əu	独立	崇阳	双峰
Ic	au	ei	əu	独立	嘉鱼	—
IIa	ɑu	ɛu	ɑu	效摄	通山	—
IIb	ɔ	e	ɑu	独立	阳新、大冶、咸安	—

　　Ia类是西南官话、新湘语十分常见的情况,监利蟹摄开口一二等并未失落-i尾,模韵也就不存在链变动因,因此模韵端系是受武汉、长沙等地感染,造成音节组配发生变化,从而tu>təu的结果。

　　Ib类əu类韵的引入同上,但本类侯韵读iau,因此模韵端系独立,不并入侯韵。Ib'类的崇阳是效流摄进一步失落-u韵尾的结果,显然,这一去-u尾的音系运动并未波及əu类韵。

　　对于Ic类,我们之前已经论证,嘉鱼效流摄的au-ei序列最有可能由通山或主体赣方言的ɑu-ɛu序列发展而来,但其模韵端系音值却跟通山差别较大。考虑到地理因素(嘉鱼离武汉最近),我们暂且认为嘉鱼受武汉等权威方言影响较大,在已完成ɛu﹥ei的音变之后,又重新引入独立韵母əu。

　　对于第II类,我们之前也已论证,阳新、大冶、咸安三地效流摄的ɔ-e序列最有可能由通山的ɑu-ɛu序列发展而来,而三地模韵端系ɑu韵的引入显然在该音变之后,否则也会按新语法学派式音变与豪肴韵合流。因此我们认为,第II类的ɑu都是晚近演变的结果。

　　问题是,此类方言的模韵端系并非周边权威方言常见的əu,而是主元音较低的ɑu。我们认为,这是由əu韵母进一步低化而来。

5.4.4　肴韵见系文读的落单

　　之前我们已经论证,侯韵跟宵萧韵同韵或合流是除监利之外,鄂东南方言的普遍特点,分别跟赣方言的都昌、奉新两种类型对应。然而阳新、大冶、咸安、嘉鱼四点,肴韵见系文读却独立成类,不并入宵萧韵,更与侯韵无关,这在湘赣方言都不常见。

　　以郊、浇是否同音为例,阳新、大冶郊₋tɕiɔ≠浇₋tɕie,咸安同样郊₋tɕio≠浇₋tɕie,嘉鱼亦是郊₋tɕiau≠浇₋tɕiei。这四点的共性在于,宵萧韵主元音都由ɑ高化为e类韵,跟豪肴韵(白读)的ɑ主元音不再近似;而官话系方言一方面宵萧韵主元音并未高化,另一方面肴韵见系腭化后与之合流,因此四点借入的肴韵见系文读音实际上是官话系方言读音的反映。阳新、大冶、咸安三地音值为单元音ɔ或o,跟豪肴(白读)韵相同,显然文读音的借入时间在单化音变之前。嘉鱼音值为iau,同官话,借入时间应在宵萧韵iau﹥iei音变之后。

　　其他鄂东南方言点皆为郊=浇,蒲圻、通城、监利音值为iau,同官话,宵萧韵主元音亦无高化;崇阳为iø,是在前者基础上单化的结果;通山为iɛu,有两种可能的假设：

（1）通山文读在其宵萧韵主元音高化之前进入，之后随之共同高化;

（2）通山文读并非借自官话，而是主元音已经高化的赣方言。

我们查阅刘纶鑫（1999），发现即使偏文的"交"字也无一腭化，因此第一种假设可能性更大。

第六章　韵母各述之三——前鼻韵

6.1　前后鼻韵的分别和通语前鼻韵的演变

对阳声韵韵尾的讨论,由于中部方言(湘方言的全部、赣方言的大部)中古-m、-n尾以及臻曾摄、梗摄文读合流较为普遍,我们按韵尾分为前后鼻韵两个系列:

前鼻韵	后鼻韵
臻(深)曾三等、梗摄文读	
山(咸)摄三四等、臻曾一等	通摄
山(咸)摄一等	宕江摄
山(咸)摄二等	梗摄白读

以下我们仍据宁继福(1985)整理出通语前鼻韵的演变概况(略去臻韵),如图6-1。通语的演变特点,一言以蔽之,就是分列表格左右的内外转绝不相混,中古外转一二等合流为a主元音,内转仍为ə主元音,再各自配合为开齐合撮四呼。梗摄无文白异读,江淮、西南官话并入深臻摄。

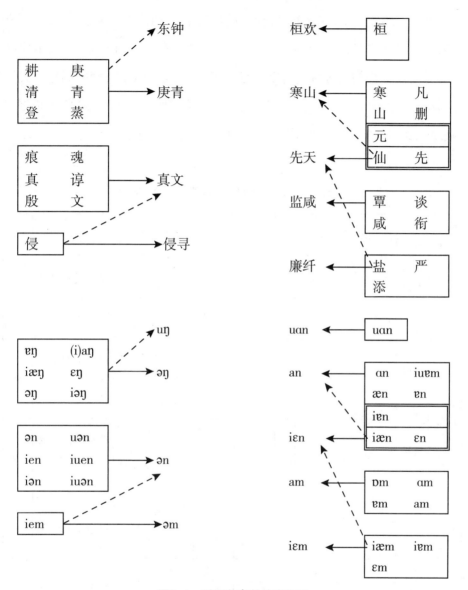

图6-1　通语前鼻韵演变概况

6.2　赣方言前鼻韵的鼻尾

前鼻韵所涉及的诸多韵摄中,梗摄文读并入曾摄,这在湘赣方言非常一致。然而深臻曾三摄,湘赣差异较大:湘方言皆合,内部十分统一;赣方言从全分到全合皆有表现,内部差异显著。孙宜志(2007:191—197)对江西境内赣方言中古阳声韵韵尾今读进行了详尽考察,将其分为未变、合并、弱化三大类型、14个小类。我们以"中古阳声韵尾分混"为一级分类标准、以"曾臻是否有别"为二级分类标准,整理如表6-1并加以说明(斜线前白后文)。

表6-1　江西赣方言中古阳声韵韵尾今读

韵尾分混	二级分类	咸	山	深	臻	曾	梗	宕	通	代表点	其他点	说明	小计
三分	曾臻有别	m	n	m	n	ŋ				南丰	黎川、广昌、宜黄、崇仁、安义	仅安义在昌靖片,其他均在抚广片	8
	曾臻无别	m	n	m	n	ŋ/n		ŋ		临川	东乡		
两分	曾臻有别			n		ŋ				都昌	余干、安义、进贤、新建、星子、永修、修水、靖安等	仅余干在鹰弋片,其他均在昌靖片	9
	曾臻无别			n		ŋ/n		ŋ		南昌	南城、湖口、宜春、奉新、波阳、乐平、吉安等28个点	昌靖、鹰弋、抚广、宜浏东、吉茶北广泛分布	29
不分	鼻尾		n、ŋ		n	n、ŋ		ŋ		安福	横峰、余江	两型n、ŋ之分均以今主元音为条件	4
				n、ŋ				ŋ		铅山	—		
				n						上高	余江、弋阳	宜丰主元音为i时读n尾,另有am-an对立	8
				ŋ						贵溪	鹰潭、萍乡		
				m						弋阳	—		
		m	m、n	m	m、n	m				宜丰	—		
	鼻化	韵尾皆失,变为鼻化元音						ŋ		泰和	永丰、吉水、宁冈、遂川	集中于宜浏片西部和吉茶片南部	5

从表中可以大致看出,中古阳声韵尾三分的点集中于赣方言东南角的抚广片,不分的点则集中于东北角的鹰弋片以及西南角的宜浏、吉茶片部分地区。值得注意的是,无论三分抑或两分的点,曾臻摄韵尾都有能分和不分两种情况。在抚广片、昌靖片腹地,曾臻多能区分,而较大城市及其周边地区则多不能分,这跟一般对赣方言的观感大不相同。以刘纶鑫(1999)书中材料进行验证,东乡确系曾臻合流,而临川仍属曾臻有别,永修、修水却又是曾臻不别,与孙说有所出入,此处仍从孙书。

深臻曾三摄皆合的点,数量最多,共29个;分布最广,遍及昌靖、鹰弋、抚广片以及宜浏片东部、吉茶片北部,南昌、宜春、新余、吉安等中心城市均包括在内,无疑是赣方言最普遍的情况。较之赣方言,湘方言的内部一致性最高。中古-m、-n韵尾在湘方言完全合流,因此深摄并入臻摄无须讨论,而臻曾摄就笔者所见材料也是全然无别的。

经过以上说明,我们就能以曾臻摄开口一等为枢纽,列出赣方言各片前鼻韵的主要表现如表6-2。

表6-2　赣方言前鼻韵今读

侵金	殷斤	青经	先肩	痕吞	痕根	小片	方言点	登邓	谈肯	寒敢	咸肝	山减	间
tɕin			tɕiɛn	ən		昌靖	湖口			kon		kan	
			tɕiẽn			鹰弋	波阳	ən		kõn		kãn	
			tɕiɛn				横峰		kən	kɔŋ			
			tɕʰiẽ①			吉茶	吉安			kon			
tɕin	tɕiŋ			ɛn			星子	əŋ		kɔn		kan	
							永修						
tɕin		tɕin		ɛn	kiɛn	昌靖	修水e	ɛn		kon			
							南昌		kʰiɛn	kən			
							高安	ɛn		kon			
tɕim	tɕin				tɕiɛn		奉新		tɕʰiɛn	kom	kon	kam	kan

续表

| 侵 | 殷 | 青 | 先 | 痕 | | 小片 | 方言点 | 登 | | 谈 | 寒 | 咸 | 山 |
金	斤	经	肩	吞	根			邓	肯	敢	肝	减	间
tɕin			tɕiɛn	ɛn	kiɛn	宜浏	上高	ɛn			kɔn		kan
							万载e				kon		kan
							新余						
	tɕin		tɕiɛn	ɛn		抚广	东乡	ɛn	kʰiɛn	kom (ɔ丰) m	kon	kam	kan
tɕim	tɕin	tɕiŋ					南丰	hiɛn	kʰiɛn				
	tɕin						临川	ɛn	kʰiɛn				
kim	kin		kiɛn				黎川	ɛŋ					
tɕin			tɕiɛn	ən	kiɛn	鹰弋	乐平	ɛn			kɛn		kan
				hən	kin	抚广	宜黄	ən			kon		
tɕiŋ			tɕiẽ	ẽ		宜浏	萍乡	ẽ			kɔ̃ (kʰ敢莲)		kã
tɕĩ							莲花e						
tɕiĩ				uĩ	kiẽ	吉茶	永丰	ẽ	kʰiẽ		koã		
tɕĩ			tɕʰiẽ①		kẽ		泰和	ẽ	huẽ		kuã		

注：①此处为"牵"字读音；乐平、宜黄两地，痕读ən，说明主元音ə、ɛ两类相混不按声母条件；吉安、泰和"肩"属三四等有别的层次，但"牵"韵母分别为iɛn、iẽ。

表中23点江西赣方言，除吉茶片4点外，其他各片各点，前鼻韵皆收鼻尾。波阳ien、on、an韵母主元音之上冠以鼻化，我们认为，此系羡余特征，因为从协同发音的角度来看，鼻尾前的元音会很自然地带有鼻化。忽略赣北的星子及赣东南的南丰、黎川3点的曾臻有别，再忽略奉新和抚广片的-m、-n尾之分，前鼻韵皆收鼻尾的这19个点，可按曾臻摄开口一等主元音音值分为两类：

（1）主元音[－前]的ə类，包括赣北的波阳、横峰、湖口、星子以及赣中的宜黄、吉安；

（2）主元音[＋前]的ɛ类，包括其余各点（主元音为e者在方言点后加e表示），遍及赣北赣南各片。

而山（咸）摄三四等，主元音皆为ɛ（波阳一点为e），这就使得曾臻（深）摄与山（咸）摄的关系，于ə类远而于ɛ类近。后者在见系又易于滋生-i-介音，如永修、黎川"根"尚为kɛn,修水、东乡已成kiɛn,奉新则延及声母(tɕiɛn),致根=肩。

吉茶片4点与非吉茶片19点的显著区别在于大量存在鼻化韵。莲花、永丰、泰和3点,所有前鼻韵皆鼻化,萍乡除高主元音i外皆鼻化。尽管如此,其曾臻摄开口一等主元音音值仍属[+前]的ɛ类,深臻曾摄与咸山摄主元音合流,从音类上看,与南昌等地赣方言主流表现相同。

以上三种情况可总结为表6-3。

表6-3　赣方言前鼻韵的演变类型

分布地区	赣北、赣中少数点	赣方言主体	赣西南吉茶片
代表点	湖口	南昌	莲花
前鼻韵是否鼻化	−	−	+
曾臻摄开口一等主元音是否[+前]	−	+	+

6.3　湘方言前鼻韵的鼻化

湘方言前鼻韵今读情况如表6-4(斜线前白后文,小片归属依《地图集》)。

表6-4　湘方言前鼻韵今读①

殷 斤	青 经	先 肩	痕		小片	方言点	寒 蛋	登 邓	庚 更	山 间②	寒 肝
			吞	根							
tɕin	tɕiẽ		ən		长益片	长沙	tan	tən	kən	kan	kan
						望城					
	tɕiɛn		ən(tɕiɛn根白)			岳阳荣					køn
	tɕiẽ		ɔ̃		娄邵片	安化梅		tɔ̃	kɔ̃		kan

续表

殷	青	先	痕		小片	方言点	寒	登	庚	山	寒
斤	经	肩	吞	根			蛋	邓	更	间[2]	肝
tɕin	tɕiẽ		ən		娄邵片	邵阳	dã	dən	kən		kã
						城步	tan	dən			kan
	tɕien					会同		tən			
tɕin	tɕiẽ[3]	tʰin	tɕiẽ/kən			新化	dʱã	dʱiẽ	tɕiẽ/kən		kã
kin	kĩ	iã（k根）				湘乡		diã	kiã		
tɕien	tɕiĩ	iæ（k根）				双峰梓	dã	diæ	kiæ	kã	kuã
tɕin	tɕiĩ	tʰiã/tʰuən	kiæ			双峰荷	dã	diã	kiã		
tɕien	kĩ	ia（k根）				双峰永		dia	kia		kua
ʈen	tɕi	e				娄底	tʰa	tʰe	ke	ka	kue
ʈen	ki	tʰe	ki			涟源	ta	te	ki	ka	kue
tɕin	tɕien	en			长益片	衡阳	tan	ten	ken		kan
	tɕiẽ				娄邵片	祁阳	dã	den			kã
ʈen	tɕĩ	ẽĩ			长益片	衡山	tã	tẽĩ	kẽĩ		kæ

注：①略称方言点为：岳阳（荣家湾）、安化（梅城）、双峰（梓门桥）、双峰（荷叶）、双峰（永丰）、衡阳（西渡）、祁阳（白水）。
②凡"间"有文读tɕien者，因表格所限均略去。
③此处为"坚"字读音。

同赣方言类似，湘方言前鼻韵今读亦可按曾臻摄开口一等主元音音值分为两类：

（1）主元音[-前]的ə类，包括以长沙为中心的长益片绝大部分地区，以及以邵阳为中心的娄邵片部分地区；

（2）主元音[+前]的ia、e类，ia小类包括双峰、湘乡等地，e小类包括娄底、涟源、祁阳以及划归长益片的衡阳、衡山。

曾臻摄开口一等主元音的[-前]和[+前]跟前鼻韵鼻化的多少呈现相关

性,[-前]类除安化、邵阳外,前鼻韵多不鼻化;[+前]类除衡阳外,鼻化遍及所有非深臻曾摄三等的前鼻韵,双峰(永丰)、娄底、涟源等地已失去鼻化,转入阴声韵。

[-前]类的音类分合,湘赣方言较为一致,长沙所异于湖口者,惟咸山摄一二等合流。[+前]类的音类分合,湘赣方言则大不相同。曾臻摄一等开口在赣方言与咸山摄三四等距离较近甚至合流,与咸山摄一二等相隔遥远。一个例外是乐平,该点咸山摄见系一等并非赣方言常见的on或ɔn,而是ɛn(二等仍为an),因此曾臻摄开口一等与咸山摄一三四等主元音全部一样。南昌一点,刘纶鑫(1999)书中标为ɵn,其ɵ仍属合口,近o而远ɛ;《汉语方音字汇》标为ɔn,音系附注云"元音ɔ偏高,在ɔn、ɔt组韵母中并偏央",因此刘书的标音不影响我们的判断。

但在湘方言,曾臻摄开口一等跟咸山摄开口三四等大多无关,却跟咸山摄一二等关系密切。湘乡、双峰(永丰)曾臻摄开口一等与咸山摄二等(以及一等端系)已完全合流,致蛋=邓、间=更(平声),合流之后与咸山摄一等构成齐齿、合口关系。双峰梓门桥和荷叶二者虽未合流,但仍形成齐齿、开口关系(梓门桥并无iæ、iã对立)。只有新化、衡阳、祁阳3地,咸山摄开口三四等主元音ɛ、e没有被介音完全吃掉,且与曾臻摄开口一等主元音相同,即呈现类似赣方言的肩(或坚)=根,或二者同韵、呈齐开关系的情况。

6.4 鄂东南方言前鼻韵演变

6.4.1 字音对照表

鄂东南方言前鼻韵字音对照如表6-5(等号为承上省,特殊合流外加黑框提请注意)。

表6-5　鄂东南方言前鼻韵字音对照表

方言点		阳新	大冶	通山	咸安	嘉鱼	蒲圻	崇阳	通城	监利
真並	贫	ˌpʰin	ˌpʰin	ˌpin	ˌpʰiən	ˌpʰiən	ˌbin	ˌbin	ˌbin	ˌpʰin
蒸並	凭	ˌpin冰	=	=	=	=	=	=	=	=
庚並	平文/白	=/ˌpʰiəŋ	=	=/ˌpiæ̃	=/ˌpʰiã	=/ˌpʰian	=/ˌbian	=/ˌbiæ̃	=/ˌbiaŋ	=
仙並	便	ˌpʰiĩ	ˌpʰiĩ	ˌpiĩ	ˌpʰiẽ	ˌpʰin	ˌbien	ˌbie	ˌbien	ˌpʰin
庚並	彭白/文	ˌpʰen	ˌpʰɛ̃	ˌpɛ̃	ˌpʰən	=/ˌpʰən	ˌbən	ˌbən	ˌbaŋ	ˌpʰən
桓並	盘白/文	ˌpʰɒ̃	=	ˌpʰɒ̃	ˌpʰõ	=便	ˌbɛn/ˌban	ˌbə	ˌbɒn	=
删帮	班	ˌpæ̃	ˌpæ̃	ˌpæ̃	ˌpɑ̃	ˌpan	ˌpan	ˌpæ	ˌpan	ˌpan
魂並	盆	ˌpʰen	ˌpʰen	ˌpɐn	ˌpʰən	pʰən²笨	ˌbən	ˌbən	ˌbən	ˌpʰən
登並	朋	ˌpʰɐŋ	ˌpʰɐŋ	ˌpɐŋ	ˌpʰəŋ	ˌpʰən	=	=	ˌbən	ˌpʰəŋ
侵心	心	ˌsin	ˌɕin	ˌsin	ˌɕiən	ˌɕiən	ˌɕin	ˌɕin	ˌɕin	ˌɕin
青心	星文/白	=/ˌsiŋ	=	=/ˌsiæ̃	=/ˌɕiã	=/ˌɕian	=/ˌɕian	=/ˌɕiəŋ	=/ˌɕiaŋ	=
先端	颠	ˌtiĩ	ˌtiĩ	ˌtiĩ	ˌtiẽ	ˌtin	ˌtien	ˌtie	ˌtien	ˌtin
登端	灯白/文	ˌten	ˌtɛ̃	ˌtɛ̃	=	=/ˌtən蹬	ˌtɛn/ˌtən	=	=	ˌtən
桓端	端白/文	ˌtɒ̃	=	ˌtɒ̃	ˌtõ	=	ˌtɐn/ˌtan	ˌtə	ˌtœn	=
覃透	贪	ˌtʰ=	ˌtʰæ̃	ˌtʰ=	ˌtʰã	ˌtʰan	ˌdan	ˌd=	ˌd=	ˌhan
寒端	单	ˌtæ̃	ˌt=	ˌtæ̃	ˌt=	ˌt=	ˌt=	ˌtæ	ˌtan	ˌt=
真见	紧	ꞌtɕiən	ꞌtɕiən	ꞌtɕin	ꞌtɕiən	ꞌtɕiən	ꞌtɕin	ꞌtɕin	ꞌtɕin	ꞌtɕin
清见	颈文/白	=/ꞌtɕiŋ	=	=/ꞌtɕiæ̃	=/ꞌtɕiã	=/ꞌtɕian	=/ꞌtɕian	=/ꞌtɕiəŋ	=/ꞌtɕiaŋ	=
盐精	尖	ˌtsiĩ	ˌtɕiĩ	ˌtsiĩ	ˌtɕiẽ	ˌtɕin	ˌtɕien	ˌtɕiɛ	ˌtɕien	ˌtɕin
先见	肩文/白	ˌtɕiẽ	ˌtɕiẽ	ˌtɕiẽ	=	=	=	=/ˌkɛ*	=	ˌtɕin
痕见	根文/白	ˌken	ˌkɛ̃	ˌkɛ̃	ˌkẽ	ˌk=	=/ˌkən	ˌkɛ	ˌk=	ˌkən
耕见	耕白/文	=	=	=	=	=	=/=	=	=	=
寒见	肝白/文	ˌkɒ̃	=	ˌkɒ̃干	ˌkõ	ˌkan	ˌkɛn/ˌkan	ˌkə	ˌkœn	ˌkan
见	感敢	ꞌkœ	ꞌkɛ̃	ꞌkœ	ꞌkõ	ꞌkan	ꞌkɛn/ꞌkan	ꞌkə	ꞌkœn	ꞌkan
桓见	官白/文	ˌkuɒ̃	ˌkuɛ̃	ˌkuœ	ˌkuõ	ˌkuin	ˌkuɛn/kuan	ˌkuə	ˌkuœn	ˌkun
山见	间白/文	ˌkæ̃/ˌtɕiæ̃	ˌkæ̃/ˌtɕiæ̃	ˌkæ̃/ˌtɕiæ̃	ˌkɑ̃/ˌtɕiã	ˌkan/ˌtɕian、ˌtɕin	ˌkan/ˌtɕian	ˌkæ/ˌtɕie	ˌkan/ˌtɕien	ˌkan/ˌtɕin
删见	关	ˌkuæ̃	ˌkuæ̃	ˌkuæ̃	ˌkuã	ˌkuan	ˌkuan	ˌkuæ	ˌkuan	ˌkuan

6.4.2　尖团字的特殊表现

跟流摄相仿,鄂东南方言咸山摄与深臻摄的尖团字,声、韵也存在特殊表现,且仅在东片出现。

阳新、通山、大冶,咸山摄开口三四等见系和泥母(阳新、大冶泥来洪混细分,通山洪细皆分)为iɛ̃,其余声母为iĩ,因此可以认为,三地尖团皆别于韵母。而阳新、通山,声母尖团亦有分别,尖音为ts类,团音为tɕ类,声、韵尖团互为羡余,iɛ̃、iĩ二母分布互补,如表6-6所示。

表6-6　鄂东南东片方言咸山摄尖团音的特殊表现

	p	t	l	ts阳新、通山	ts大冶	tɕ阳新、通山	tɕ大冶	ȵ
iĩ	便	颠	莲	尖	—	—	尖	—
iɛ̃	—	—	—	—	—	肩	年

从中古音出发,显然咸山摄三四等读iɛ̃早于读iĩ,因此我们将阳新、通山两地的iɛ̃、iĩ等同看待。虽然大冶尖团音声母皆为tɕ,iɛ̃、iĩ二母在共时上并不互补,但尖团声母合流显系晚近演变,可将其看作阳新的进一步演变。

深臻摄三等的情况略显复杂,其读音分为三类:

(1)监利、通城、崇阳、蒲圻、通山五点,无论声母条件如何,皆读为in,这在整个汉语方言也较为普遍;

(2)咸安、嘉鱼两地,无论声母条件如何,皆读为iən,即三等主元音并未被-i-介音完全吞噬,或者in由于某种原因增加一个莫拉而滋生出央元音ə;

(3)阳新、大冶两地,三等见系和泥母读为iən,其他声母条件读为in,音类格局与咸山摄相同,如表6-7所示。

表6-7　鄂东南东片方言深臻摄尖团音的特殊表现

	p	t	l	ts阳新	ts大冶	tɕ阳新	tɕ大冶	ȵ
in	冰	丁	铃	晶	—	—	晶	—
iɐn	—	—	—	—	—	金	银

阳新尖团声韵皆别、互为羡余,in、iɐn分布互补。大冶ts不拼细音,尖团仅别于韵,故而in、iɐn对立,晶ₜɕin≠金ₜɕiɐn。

6.4.3　曾臻摄开口一等走向

以下我们仍以曾臻摄开口一等为枢纽,考察鄂东南方言前鼻韵的演变。登韵帮系多归通摄(如"朋"字),与非帮系不同,这一点鄂东南方言十分一致。然而并入此类的梗摄文读,是否归入通摄,是否读同非帮系,各地并不相同。以"彭"为例,阳新、大冶、通山、嘉鱼及监利,帮系与非帮系韵母相同;咸安、蒲圻、崇阳和通城则归入通摄,与非帮系不同。因此,我们先排除帮系,列如表6-8(斜线前白后文)。

表6-8　鄂东南方言曾臻、咸山摄相关音类今读

分布地区	西南			◄—————————►			东北		
方言点	监利	通城	崇阳	蒲圻	嘉鱼	咸安	通山	大冶	阳新
曾臻摄开口一等	ən	iɐn	(i)ɛ	iɐn	in	ẽ	ɛ̃	ɛ̃	ɐn
...是否鼻化	−	−	+阴声	−		−	+		
...主元音是否[+前]	−	+		+/−			+		−
...是否跟咸山摄开口三四等同韵	−	+							−
咸山摄开口三四等	in	iɐn	iɛ	iɐn	in	iẽ	iẽ	iẽ	iẽ
咸山摄见系开口二等文读	in	iɐn	iɛ	ian	ian/in	iũ	iæ̃	iæ̃	iæ̃
咸山摄见系开口一等	an	œn	ə	ɛn/an	an	õ	œ̃	ɛ̃	œ̃
咸山摄见系开口二等白读	an	an	æ	an	an	ũ	æ̃	æ̃	æ̃
山摄见系合口一等	un	uœn	ɛu	uɐn/uan	uin	uõ	uœ̃	uɛ̃	uœ̃
山摄见系合口二等	uan	uan	uæ	uan	uan	uũ	uæ̃	uæ̃	uæ̃

注:崇阳曾臻摄开口一等见系为ɛ(端系为iɛ)、咸山摄开口三四等为iɛ,显然由鼻化韵发展而来,因此表中算作鼻化。

以曾臻摄开口一等是否跟咸山摄开口三四等同韵为标准,可将鄂东南方言分为两大类:

(1)最靠东北的阳新和最靠西南的监利,曾臻摄开口一等主元音为[−前],不跟咸山摄开口三四等同韵。监利前者读为ən,与西南官话相同;后者读为in,跟曾臻摄开口三等合流,有燕=印=应=映=in²,合流方向显然是咸山摄细音因主元音高化而并入曾臻摄。

阳新曾臻摄开口一等读为ɐn,主元音较西南官话为低,《客赣方言调查报告》所记阳新(国和),"根"有kən(文)、ʧẽ(白)两读,文读音值亦同西南官话,这说明阳新该音类主元音[−前]、[−鼻化]可予采信。阳新城关并无文白异读,而国和镇地处阳新县西缘,北面大冶,西临咸安、通山,难免混入外路口音。

(2)除监利、阳新两地之外,鄂东南其他七县方言曾臻摄开口一等(白读)主元音均为[＋前],且都跟咸山摄开口三四等同韵甚至合流,使得根=肩,或两字主元音相同。

偏北的大冶、通山、咸安三点,曾臻摄开口一等均为鼻化元音;偏南的嘉鱼、蒲圻、通城三点则均为鼻尾韵,惟南部山区之崇阳例外。这一音值表现恰与赣方言吉茶片(鼻化)与非吉茶片(非鼻化)的状况相当。

6.4.4 咸山摄一二等走向

由上节表6-5可知,鄂东南方言咸山摄一二等是否有别可分为三种情况:

(1)开合口均无分别,仅蒲圻文读属此情况。

(2)合口分别(限山摄),而开口不分,包括监利和嘉鱼。两地区别在于,桓韵主元音监利为[−前],非见系读ən、见系读un,混入曾臻摄;嘉鱼为[＋前],非见系读in、见系读uin。前面已知,嘉鱼曾臻摄开口一等(白读)主元音为i(即[＋前]),咸山摄开口三四等-i-介音也完全吞并了主元音,因此又都跟桓韵合流,即:

盘=彭=便便宜=₌pin,端=灯=颠=₌tin,官₌kuin、根₌kin、肩₌tɕin同韵。

（3）开合口均能分别,包括除监利和嘉鱼之外的七个县（白读）,按寒韵见系的音值又可分为三类:

主元音[-前],包括:咸安读圆唇的ɔ̃,即赣方言最常见的on的鼻化形式;崇阳读不圆唇的ə,显然由鼻化元音发展而来,但其音系中仍有ən,包含深臻曾摄三等及合口一等字,以及部分梗摄文读。由于央元音鼻化并不常见,且崇阳共时音系存在鼻尾的ən,我们推测ə可能是on类韵母先鼻化再央化的结果。

主元音[+前]且[+圆唇],包括:阳新、通山读鼻化韵母œ̃,通城读鼻尾韵母œn,由于鼻化的不可逆特性,前两者的音变阶段显然要晚于后者。同时,[+前]、[+圆唇]的音值表现显然不是主体赣方言的常态。

主元音[+前]且[-圆唇],包括:大冶为鼻化韵母ɛ̃,蒲圻白读为鼻尾韵母ɛn。由于两地曾臻摄开口一等主元音亦属[+前]类（且[-圆唇]）,因此发生了类似嘉鱼的音类混并（如字音对照表中的黑框所示）。从演变阶段上,可将此类视为œ̃、œn类失落圆唇特征的后续阶段。此音值表现江西赣方言亦罕见,我们仅发现乐平寒韵见系为ɛn。

6.4.5　an韵母的再生

鄂东南方言前鼻韵鼻尾与鼻化的内部分歧在上文的讨论中已有所反映,我们再集中列为表6-9。

表6-9　鄂东南方言前鼻韵鼻尾与鼻化的内部分歧

监利	通城	蒲圻	嘉鱼	前鼻韵类（仅列开口）	崇阳	咸安	通山	大冶	阳新
				臻深曾三等、梗摄文读	鼻		尾		
	鼻		尾	咸山摄三四等、臻曾一等					+/-①
				咸山摄一等	鼻		化		
				咸山摄二等					

注:①阳新咸山摄三四等为鼻化,臻曾一等为鼻尾,二者不同韵。

存在鼻化的五个方言点,主元音为非高前元音的前鼻韵全部鼻化,但通山、大冶、阳新三点,音系中仍存在低主元音鼻尾韵ɐn,所辖音类为深臻曾摄开口三等知章组以及臻曾摄合口非见系,如表6-10所示(等号为承左省,斜线前白后文)。

表6-10　鄂东南方言的an类韵母

方言点	魂明 门	文微 蚊	魂心 孙	澄 沉陈	蒸澄 澄	清澄 程	侵生 森	魂溪 捆
阳新	₌mɐn	nan⁼	₌sɐn	₌tsʰɐn	=	=	₌sɐn	ᶜkʰuɐn
大冶	₌mɐn	₌uan	₌sɐn	₌tsʰɐn	=	=	₌sɛ̃	ᶜkʰuɐn
通山	₌mɐn	₌vɐn	₌sɐn	₌tsɐn	=	₌tsæ̃/=	₌sɛ̃*	ᶜkʰuɐn
咸安	₌mən	₌uən	₌sən	₌tsʰən	=橙	=	₌sən	ᶜkʰuən
嘉鱼	₌mən	₌uən	₌sən	₌tsʰən	=橙	=	₌sən	ᶜkʰuən
蒲圻	₌mən	₌un	₌sən	₌dʑən	=	=呈	₌nɐs/₌sən	ᶜgun
崇阳	₌mən	=	₌sən	₌dən	tən?/=	nəŋ⁼/₌dən	nɐs⁼/₌ɕiɤ	ᶜuən
通城	₌mən	₌uən	₌sən	₌dʑən	=	₌dʑaŋ/=	ɕien/₌sen参	ᶜuən
监利	₌mən	₌un	sən₌	₌tsʰən	=	=	sən₌	ᶜkʰun

通山、大冶ɐn韵所辖音类与咸安、嘉鱼、蒲圻、崇阳、通城五点的ən韵相当(监利梗摄接近西南官话,此处暂不讨论),阳新的ɐn韵则相当于五点ən韵与ɐn类韵之和。由于三地音系并无ən、ɐn、an对立,汪国胜(1994)中的大冶(金湖)材料记为an,而就笔者对该点的调查,从听感上也最接近接近an。因此我们认为,通山、大冶、阳新三地经历了ən>ɐn>an的低化音变。

6.4.6　咸山摄见系二等文读的归并方向

鄂东南方言咸山摄见系文读的归并方向略显奇特,可据6.4.4大致分为以下三类:

(1)与三四等合流,包括监利、通城、崇阳三点。通城是赣方言和官话都很常见的iɛn,崇阳在此基础上经历了鼻化和去鼻化的音变,监利则是主元音高化最终融入介音。显然,崇阳和监利的音系过程都在见系二等与三四等合流之后发生。

（2）为独立音类,不与三四等合流,包括阳新、大冶、通山、咸安和蒲圻。其共同点除了都有-i-介音、声母都发生腭化之外,还在于主元音都与山摄二等相同,为较低的æ、a、ɑ类,而非像三四等那样较高的ɛ、ɪ、i类。其鼻化与鼻尾同样呈现出东北—西南的分野。阳新、大冶的iæ仅辖咸山摄开口二等文读,历史来源较为封闭;通山的iæ̃、咸安的iɑ̃以及蒲圻的ian还包括并入咸山摄的梗摄白读（声母不限于见系）,即减文＝简文＝颈白。

（3）嘉鱼则呈现混合性,既有归入三四等的文读,又有主元音同二等白读（且与梗摄白读合流）的文读,二者辖字相当,且出现了文白关系的错位,如表6-11（以见母代见系）。

表6-11　咸山摄见系文白层次

文白读	kan类	tɕian类	tɕin类
白	间衔闲咸陷	艰减碱舰简鉴颜	—
文	—	间闲咸陷	间艰减碱舰简鉴颜衔
无异读	嵌眼	监奸限馅雁	

kan类无文读,是最早的白读层;tɕin类为纯文读,是最晚的文读层;而tɕian类兼有白读、文读和无异读字,其中文读基本对应kan类的白读（如涂黑的"闲、咸、陷"）,而白读大多对应tɕin类的文读（如斜体的"减、碱"等字）,因此tɕian类最有可能是早期文读的沉淀。因此,按照析层拟测法,kan、tɕian、tɕin三类分别对应咸山摄见系开口二等的白读、旧文读、新文读三层,"间"字表现最为明显。

第七章　韵母各述之四——后鼻韵

7.1　通语后鼻韵的演变

本章讨论后鼻韵的演变,包括梗摄白读、宕江摄和通摄。通语较为简单,梗摄无文白异读,并入曾摄,对应《中原音韵》的庚青韵;宕江摄合流为江阳韵,通摄演变为冬钟韵。即,后鼻韵的三个韵摄,主元音分别占据i、a、u三个顶点。

通语中后鼻韵的最大异动莫过于阳韵庄组、江韵知庄组字的开口变合口。李佳(2006:38)曾指出:

（1）-u-介音滋生的同语线大致跟山摄合口是否能分一二等的同语线重合,即长江下游为江淮官话跟北部吴方言、赣方言的对立,中游为新湘语跟老湘语的对立。

（2）从一二等在系统内部的合并速度来看,-ŋ尾、-u尾显然快于其他韵尾。因此,从韵母条件来看,-u-的滋生是一二等合流的遗迹;也许正是庄组声母的撮口特性,诱发了由ɔ到ua的裂变(按:郑张尚芳2002提出庄组撮唇诱导-u-介音说)。

即,我们可以用这两组字作为判断官话与非官话,或者说跟官话距离远近的一个标尺。

7.2　赣方言后鼻韵之三足鼎立

跟通语不同,湘赣方言内部在梗摄是否存在文白异读的问题上并不统一,大致是接近东南方言的地区有、接近官话的地区无。具体到赣方言,据孙宜志(2007:213—215)的研究:

（1）江西赣方言梗摄字除了鹰潭、弋阳、贵溪、余江、铅山外（笔者按:即赣方言东北部的鹰弋片）,一般有白读系统。白读的主元音为舌位较低的元音a或带a的鼻化音。

（2）梗摄的文读系统总是与曾摄一致,与深臻摄则有分有合（笔者按:即上节提及的深臻曾摄合流问题）。

熊燕(2004:87)将宕江摄与梗摄合并考察,发现如下问题:

（1）虽然宕江摄与梗摄白读主元音呈ɔ(o)与a对立在客赣方言非常一致,但两摄的韵尾类型（舒声加入声）却多达7种,只看舒声则有后鼻尾-ŋ、前鼻尾-n跟鼻化3种。除西南的吉茶片为鼻化韵、鹰弋片和宜浏片部分地区收-n尾外,赣方言绝大部分地区收-ŋ尾,如表7–1所示（斜线区隔舒入声）。

表7–1　赣方言宕江摄韵尾

韵尾类别	音值	小片	方言点
-ŋ类	-ŋ/k	昌靖片	都昌、南昌2
		鹰弋片	余干（-kŋ入）
		抚广片	临川、南丰、建宁
		宜浏片	浏阳

续表

韵尾类别	音值	小片	方言点
-ŋ类	-ŋ/ʔ	昌靖片	平江1、修水（1、2）、安义、永修、南昌1、高安、奉新
		鹰弋片	乐平
		抚广片	南城、东乡、宜黄（宕江入-ʔ，梗入-k）、黎川
		宜浏片	新余2、万载
		吉茶片	吉水、永丰
	-ŋ/Ø	昌靖片	湖口、星子
		宜浏片	醴陵、新余1（宕江入-Ø，梗入-ʔ）
		吉茶片	吉安
		怀岳片	宿松（梗无白读）
鼻化类	~/ʔ		于都
	~/Ø	宜浏片	萍乡
		吉茶片	茶陵1、永新、莲花、泰和
		大通片	阳新
-n类	-n/ʔ	鹰弋片	弋阳、横峰
		宜浏片	宜丰、上高
	-n/Ø	鹰弋片	波阳（梗无白读）

（2）由于宕（江）梗摄与咸山摄一二等主元音均为ɔ–a对立，两组韵摄区别仅在韵尾，因此以上3种大类均有合流的情况出现。其中，读为-ŋ类的合流仅限宁化、长汀等客家话；读为鼻化的合流除上犹、南康等客家话外，还包括茶陵1、阳新、永新、萍乡、莲花等赣方言点，泰和虽有鼻化但并未合流；而读为-n的合流则包括宜丰、上高、弋阳、横峰四个赣方言点。这些合流的情况主要发生在江西中西部地区，并且西至湘东、东抵闽西，赣北鹰弋片也有集中反映，如表7–2所示（等号为承左省）。

表7-2　赣方言宕(江)、梗、咸山摄合流状况

小片	方言点	衔生	山生	庚生	谈见	寒见	唐见
		衫	山	生白	甘	肝	钢
鹰弋片	弋阳	san	=	—	kon	=	=
	横峰	san	=	—	kən	kɔŋ	=
宜浏片	宜丰	sɑn	=	=	kon	=	=
	上高	san	=	=	kon	=	=
	萍乡	sã	=	=	kɔ̃	=	=
吉茶片	莲花、永新	sã	=	=	kɔ̃	=	=
	茶陵	sã	=	=	kã	=	kɔ̃
	泰和	sã	=	saŋ	kuẽ	kuã	kɔ̃

　　熊燕的观察告诉我们,无论是否存在文白异读,也无论韵尾为何,赣方言之梗摄都跟宕摄距离遥远。此外,须要补充的一点是,江韵知庄组和阳韵庄组字,在我们所见的江西赣方言点,除横峰外,无论南北、东西,皆不读合口,如表7-3所示。

表7-3　赣方言"壮、窗"字读音

方言点	壮	窗
波阳	ãn	
横峰	an	uɔŋ
上高	ɔn	
萍乡、莲花、泰和	ɔ̃	
其他各点	ɔŋ	

　　赣方言的通摄我们尚未找到专门研究,今据刘纶鑫(1999)的材料概括如次页表7-4(等号为承左省,斜线前白后文)。

　　以通摄一等是否保持合口为标准,可将江西赣方言分为两类:南昌、临川、

吉安等大邑是通语型的 uŋ 或 oŋ，皆保持合口（记为 oŋ 则音系中并无 uŋ，故仍算作合口）；而昌靖片北部、抚广片白读、宜浏片西部和吉茶片大部，则是失落合口的 əŋ，其中抚广片白读由于定透母塞音擦化，使得 əŋ 进一步弱化为声化韵 ŋ̍。

通摄一等保持合口则一定为独立韵类，但其失落合口时，一旦该方言曾臻有别，且曾摄一等主元音并非主体赣方言的［＋前］类元音，则曾通合流在所难免，如星子藤＝铜＝dəŋ，而黎川藤 hɛŋ≠铜 hŋ̍。

但无论如何，赣方言通摄的主元音总是具有［＋高］特征。以系统的观点来看，oŋ–ioŋ 类与 uŋ–iuŋ 类，主元音的系统高度是等效的，而 əŋ–iŋ 类主元音更是毫无争议地具有［＋高］特征。

综上所述，赣方言后鼻韵之常态，梗摄白读、宕江摄及通摄主元音各据 a、ɔ、u 三位，韵尾恒为 -ŋ，三摄彼此不混，亦不与其他韵摄相混。偶见宕江摄、梗摄白读并入咸山摄、通摄读同曾摄，而绝无宕梗互混。

表7-4　赣方言的通摄

小片	方言点	东非 风	东定 铜	东澄 虫	东见 公	东见 弓	东群 穷
昌靖片	湖口	foŋ	doŋ	dzoŋ	koŋ	koŋ	dʑioŋ
	南昌	ɸuŋ	tʰuŋ	tsʰuŋ	kuŋ	kuŋ	tɕʰyŋ
	高安	fuŋ		=			ɕiuŋ
	奉新	hŋ̍	tʰoŋ	=	koŋ	tɕioŋ	tɕʰioŋ
鹰弋片	乐平	fuŋ	tʰuŋ	tsʰuŋ	kuŋ	kuŋ	tɕʰiuŋ
	横峰	foŋ	tʰoŋ	tsʰoŋ	koŋ	koŋ	tɕʰioŋ
宜浏片	万载	fuŋ	tʰuŋ[1]	=	kuŋ	tɕiuŋ	ɕiuŋ
	新余			tʰɔŋʔɕ[2]			tɕʰiuŋ
抚广片	东乡			=			
	临川			=			
	南丰文			=		=	
	宜黄文	foŋ	tʰoŋ		koŋ	koŋ	tɕʰioŋ
	黎川文	fuŋ	东 tuŋ	tʰuŋ	kuŋ	kiuŋ	kʰiuŋ
吉茶片	吉安		tʰuŋ	tsʰuŋ	kuŋ	kuŋ	tɕʰiuŋ

合口保持

续表

小片	方言点	东非 风	东定 铜	东澄 虫	东见 公	东见 弓	东群 穷
鹰弋片	波阳	fəŋ	tʰəŋ	tɕʰuoŋ	kuoŋ	kuoŋ	tɕʰuoŋ
昌靖片	星子	həŋ	dəŋ	dʑəŋ	kəŋ	kəŋ	dʑiŋ
	永修③	fəŋ					
	修水	fəŋ	dəŋ	dəŋ			
抚广片	南丰白	—	hŋ洞	—	—	—	—
	宜黄白	—		—	—	—	—
	黎川白	—		—	—	—	—
宜浏片	上高	fəŋ	tʰəŋ	=	kəŋ	kəŋ	səŋ
	萍乡			tʂʰəŋ	kuəŋ	kuəŋ	tʂʰəŋ
吉茶片	永丰		hŋ/tʰəŋ洞	=		tɕiuŋ	tɕiuŋ
	莲花	huŋ	həŋ/tʰəŋ	tɕʰyŋ	kəŋ	kuŋ	tɕʰyŋ
	泰和	fəŋ		tʰəŋ		=	tɕʰiŋ

（合口失落）

注：①万载仅"洞"读开口tʰəŋ，无明显分层表现。
　　②新余"虫"，原文如此。
　　③永修浊音皆记为浊送气。

7.3　湘方言之宕梗互混与通摄低化

　　跟赣方言曾梗不分仅限东北一隅不同,讨论湘方言咸山宕江梗摄韵尾分混必须先处理梗摄文白异读问题。据彭建国（2006:157）对35个湘方言点的整理,梗摄有文白异读的20个,无文白异读的15个,数量上较为接近,如表7-5。

表7-5　湘方言梗摄之文白异读分野

	小片	方言点
无	长益片	靖州腔、岳阳、绥宁、长沙、益阳、沅江
	娄邵片	武冈、邵阳、城步、灌阳、安化、全州、泸溪
	吉溆片	溆浦、辰溪

续表

	小片	方言点
有	长益片	长乐、宁乡、桃江、湘潭、夹山腔、衡阳、衡山、衡东、株洲
	娄邵片	洞口、双峰、祁阳、新化、蓝田、隆回、白溪、涟源、湘乡、韶山、娄底

值得注意的是，梗摄是否有文白异读不以现行分区为界，更不以新老湘方言为界。如果说长益片还能大致看出南北之别的话，娄邵片则完全看不出任何地理分布规律。

对于梗摄文读的性质，彭先生总结了以下两点（第163页）：

（1）湘语梗摄舒声韵中没有文白异读点的读音与有文白异读点的文读音是属于同一性质的。根据文白异读成系统的观点，这些点的读音相当于其他点的文读音，因此它们也应属于文读层音。

（2）湘语梗摄开口舒声韵的文读音有个显著的特点，那就是所有点无一例外地都与该点曾摄字合流。

由于上节前鼻韵部分已对曾摄进行了讨论，以下我们据彭文中的材料，以梗摄是否分文白为一级分类标准，以宕梗关系、"床"字是否读为开口为二级分类标准，将梗摄白读与宕（江）摄读音一并整理如表7-6。

表7-6　湘方言梗摄白读与宕（江）摄今读

梗摄	二级标准	唐见 光	阳崇 床	唐见 刚	庚溪 坑	青清 青	阳从 墙	方言点	小片
分文白	宕梗无别	uaŋ		aŋ		iaŋ		祁阳	娄邵
		?①	uan	an	—	ian		衡阳	长益
		uã		ã		iã		长乐	长益
		ɔn				ian		湘潭	长益
		õ				iã		隆回、白溪、蓝田(ɔ)	娄邵
		ɔ̃				iɔ̃		洞口、双峰、新化(õ-iõ)	娄邵

续表

梗摄	二级标准	唐见光	阳崇床	唐见刚	庚溪坑	青清青	阳从墙	方言点	小片
分文白	宕梗无别	ɔŋ				ȵɔi		桃江宁乡(ɔ、青无白)	长益
		aŋ			(iɛn)	iaŋ		韶山②	娄邵
	宕梗有别	ɔŋ			õ	iõ	ȵɔi	娄底	娄邵
		oŋ			ɔ	ɔi	ioŋ	涟源	娄邵
		aŋ			õ	iõ	iaŋ	湘乡	娄邵
		õ			ã	iã	iõ	夹山腔	长益
		õ				iɛ̃	iõ	衡山③	长益
		oŋ				iɛ̃	ioŋ	衡东	长益
		oŋ			aŋ	ian	ioŋ	株洲	长益
不分文白	床为开口	uaŋ	aŋ		—	—	iaŋ	岳阳、绥宁	长益
								城步、灌阳、安化	娄邵
		uɑŋ	ɑŋ		—	—	iɛ̃	武冈	娄邵
		ɔ̃			—	—	iɔ̃	益阳、沅江(墙ɔ̃)	长益
		uã	ã		—	—	iã	溆浦	吉淑
		uɑɤ	ɑɤ		—	—	iɑɤ	辰溪	吉淑
	床为合撮	uaŋ		aŋ	—	—	iaŋ	靖州腔	长益
								全州、泸溪	娄邵
		uã		ã	—	—	iã	邵阳	娄邵
		uan	yan	an	—	—	ian	长沙	长益

注：①衡阳，彭文无"光"字，其材料据《湖南汉语方言字汇》，今阙如。

②韶山梗摄二等白读为iɛn，文读为ən（如生_白/_文siɛn/sən），前者为早期文读音。梗摄三四等则白读为iaŋ，文读为in。

③衡山，彭建国文与彭泽润（1999）多处不符，今据后者改之。衡东无资料，仍照引前者。

　　湘方言梗摄存在文白异读的点，可分为宕梗有别与宕梗不分两类。宕梗有别的方言点，除株洲外，梗摄悉数鼻化，娄邵片的娄底、涟源、湘乡主元音皆读同假摄。可以设想，这三点假摄a>o的音变一定不早于梗摄的鼻化，因为鼻化韵显然比鼻尾韵更接近阴声韵，同阴声韵一起演变更为自然。事实上，涟源梗摄已失去鼻化并入假摄，走完了阴阳对转的全程。

宕梗不分的方言点，主元音又可分为ɔ、a两类，双峰、新化主元音为ɔ，祁阳、衡阳等地主元音为a，此外还有湘潭等地主元音依洪细而不同。以双峰为例，彭书材料记为ɤ，《汉语方音字汇》记为ɒŋ，共同的特征是主元音偏后。考虑到"梗摄古入声字白读与假摄（若有文白读，则与白读同）读音相同，这在整个湘方言中非常一致"（陈晖2006:111），而湘方言宕摄入声则读如果摄，因此我们认为，在双峰发生了梗摄舒声混入宕摄的音变。

湘方言的通摄我们也未发现专门研究，今据鲍厚星（2006）和陈晖（2006）的材料概括如表7-7（不计声调，斜线前白后文）。

表7-7　湘方言通摄今读

小片		方言点	东非	东定	东澄	东见	东见	东群
			风	铜	虫	公	弓	穷
合口保持	长益	长沙	xoŋ	toŋ	tsoŋ	koŋ	koŋ	tɕioŋ
		衡阳x	xoŋ	toŋ	tsoŋ	koŋ	koŋ	tsoŋ
	娄邵	邵阳	xuŋ	duŋ	dzuŋ	kuŋ	kuŋ	dzuŋ
		祁阳b	xoŋ	doŋ	dzoŋ	koŋ	koŋ	dzioŋ
合口失落	娄邵	湘乡	xuʌn	dʌn	dʌn	kʌn	kʌn	gin
		双峰z	xaŋ	daŋ	dien	kaŋ	kaŋ	dzien
		双峰h	xuən	dən	dzin	kən	kən	dzin
		双峰y	xen	den	den	ken	ten/ken	dzien
		娄底	xaŋ	tʰaŋ	tʰaŋ	kaŋ	ʈaŋ/kaŋ	tʰaŋ
		涟源	xaŋ	taŋ	ʈaŋ	kaŋ	ʈaŋ/kaŋ	ʈaŋ

注：衡阳x＝西渡，祁阳b＝白水，双峰z＝梓门桥，双峰h＝荷叶，双峰y＝永丰。

跟赣方言情况类似，以通摄一等端系、见系是否保持合口为标准，亦可将湘方言分作两类，长沙、衡阳等长益片方言皆保持合口，娄邵片则分入两类：以邵阳为中心的方言点表现与长沙近似，而以娄底为中心的方言点皆失落合口，音值又表现为前后鼻音两类。娄底小片帮系字"风",虽韵母开合不一,但声母皆读x声母,而唇擦音到软腭擦音这一发音部位的转移,一般只有合口条件才能实现,这就进一步确认了端系、见系字发生了合口变开口的音变。

7.4　鄂东南方言的后鼻韵

7.4.1　字音对照表

鄂东南方言后鼻韵字音对照如表7-8（等号为承上省,斜线前白后文）。

表7-8　鄂东南方言后鼻韵字音对照表

方言点		阳新	大冶	通山	咸安	嘉鱼	蒲圻	崇阳	通城	监利
庚並	平	꜀pʰiɔŋ/ ꜀pʰin	꜀pʰin	꜀piæ̃/ ꜀pin	꜀pʰiɑ̃/ ꜀pʰiən	꜀pʰian/ ꜀pʰiən	꜀bian/ ꜀bin	꜀biaŋ/ ꜀bin	꜀biaŋ/ ꜀bin	꜀pʰin
唐並	旁	꜀pʰuɔŋ	꜀pʰuɔŋ	꜀poŋ	꜀pʰõ滂	꜀pʰoŋ	꜀bœŋ	꜀baŋ	꜀boŋ	꜀pʰan
阳微	网	꜀uɔŋ	꜀uɔŋ	꜀uoŋ	uõ忘	꜀uon	꜀uœŋ	꜀ueŋ	꜀uoŋ	꜀uan
东並	蓬	꜀pʰuɐŋ	꜀pʰuɐŋ	꜀puɐŋ	꜀pʰɐŋ	꜀pʰən	꜀bən	꜀bən	꜀bəŋ	꜀pʰoŋ
钟奉	缝	꜀faŋ	꜀faŋ	feŋ²名词	꜀fəŋ	꜀fən	꜀fən	꜀fən	꜀fəŋ	꜀foŋ
庚生	生	꜀sɔŋ/꜀nas	꜀sɛ̃	꜀sæ̃/꜀sən	꜀sɑ̃/꜀sən	꜀san/꜀sən	꜀sən/꜀sən	꜀sən	꜀san/꜀sən、꜀sən声	sən
清从	晴	꜀tsʰiɔŋ/ tsʰin	꜀tɕʰin	꜀tsiæ̃/ ꜀tsin	꜀tɕʰiɑ̃/ ꜀tɕʰiən	꜀tɕʰian/ ꜀tɕʰiən	꜀dʑian/ ꜀dʑin	꜀dʑiaŋ	꜀dʑiaŋ/ ꜀dʑin	꜀tɕʰin
唐定	糖	꜀tʰuɔŋ	꜀tʰuɔŋ	꜀toŋ	꜀tʰõ	꜀tʰoŋ	꜀dœŋ	꜀daŋ	꜀doŋ	꜀han
阳澄	长	꜀tsʰuɔŋ	꜀tsʰuɔŋ	꜀tson	꜀tsʰõ	꜀tsʰoŋ	꜀dʐœŋ	=糖	꜀dʑoŋ	꜀tsʰan
阳崇	床	=	=	=	=	꜀tsʰ	꜀dʐ	꜀dʐoŋ	=	=
阳禅	尝	꜀sɔŋ	꜀sɔŋ	꜀son	꜀sõ	꜀soŋ白	꜀sœŋ	꜀sən	꜀soŋ	꜀san
东定	铜	꜀tʰuɐŋ	꜀tʰuɐŋ	꜀tuɐŋ	꜀tʰəŋ	꜀tʰən	꜀dən	꜀dən	꜀dəŋ	꜀hoŋ
东澄	虫	꜀tsʰuɐŋ	꜀tsʰuɐŋ	꜀tsuɐŋ	—	꜀tsʰən	꜀dʐən	=	꜀dʐəŋ	꜀tsʰoŋ
东崇	崇	=	=	=	꜀tsʰəŋ	꜀tsʰən	꜀dʐən	꜀dən	=	=

续表

方言点		阳新	大冶	通山	咸安	嘉鱼	蒲圻	崇阳	通城	监利
钟邪	松	=	=	꜀saŋ	꜀sɐŋ	꜀sɤŋ	꜀sən	꜀sən	=	soŋ꜄
庚疑	硬	ŋoŋ²/ ŋan²	ŋɐ̃³	ŋæ²	ŋɑ̃²	ŋan²	ŋan²/ ŋən²	ŋai²	ŋaŋ²	ŋən²
清见	颈	꜂tɕioŋ/ ꜂tɕiɛn	꜂tɕiɛn	꜂tɕiæ̃/ ꜂tɕin	꜂tɕiɑ̃/ ꜂tɕiən	꜂tɕian/ ꜂tɕiən	꜂tɕiaŋ/ ꜂tɕin	꜂tɕiaŋ/ ꜂tɕin	꜂tɕiaŋ/ ꜂tɕin	꜂tɕin
唐见	缸	꜀koŋ	꜀koŋ	꜀koŋ	꜀kõ	꜀koŋ	꜀kœŋ	꜀kɐŋ	꜀koŋ	kaŋ꜄
唐见	光	꜀kuoŋ	꜀kuoŋ	꜀kuoŋ	꜀kuõ	=/ kuoŋ	=	꜀kuɐŋ	꜀kuoŋ	kuan꜄
阳见	姜	꜀tɕioŋ	꜀tɕioŋ	꜀tɕioŋ	꜀tɕiõ	꜀tɕioŋ	꜀tɕiœŋ	꜀tɕiaŋ	꜀tɕioŋ	tɕian꜄
东见	公	꜀kɐŋ	꜀kɐŋ	꜀kuɐŋ kin²训	kəŋ²/ ꜀kuəŋ	꜀kuan	kən²/ ꜀kun	꜀kən	꜀kən	koŋ꜄
东见	弓	=	=	꜂kuəŋ	=	=/=	=	=		
东群	穷	꜁ŋai³	꜁tɕʰiai³	꜁tɕiai³	꜁tɕʰiɐi²	꜁tɕʰiən	꜁dʑin	꜁dʑiɐ	꜁dʑin	꜁tɕʰioŋ

7.4.2 梗摄白读归派

鄂东南方言梗摄按有无文白异读可分两大类,有文白异读的方言点,按梗摄白读的归并方向又可再分三小类,各类差别较大。我们结合咸山摄、宕江摄读音,一并列为表7-9。

表7-9 鄂东南及相关方言梗摄白读归派情况

类型	方言点	咸山摄开口		梗摄开口白读		宕江摄开口		
		二等	三四等	二等	三四等	一二等	三等	床/窗①
I	监利	an	in	(ən)	(in)	an	ian	an
	武汉	an	iɛn	(ən)	(in)	aŋ	iaŋ	uaŋ
	大冶	æ	iĩ/ɜ̃ĩ②	(ɜ̃)	(in)	ɔŋ	iɔŋ	ɔŋ

类型	方言点	咸山摄开口		梗摄开口白读		宕江摄开口		
		二等	三四等	二等	三四等	一二等	三等	床/窗①
IIa	阳新	æ	iĩ/iẽ③	ɔŋ	iɔŋ	ɔŋ	iɔŋ	ɔŋ
	崇阳	æ	ɐi	ɐŋ	iɐŋ	ɐŋ	iɐŋ	ɐŋ
	双峰	æ	ĩ、iĩ	ɒŋ	iɒŋ	ɒŋ	iɒŋ	ɒŋ
IIb1	通山	æ	iĩ/iẽ④	æ	æ̃i	ɔŋ	iɔŋ	ɔŋ
	咸宁	ã	iẽ	ã	iã	õ	iõ	õ
	莲花	ã	iẽ	ã	iã	ɔ̃	iɔ̃	ɔ̃
IIb2	嘉鱼	an	in	an	ian	ɔŋ	iɔŋ	ɔŋ
	蒲圻	an	iɛn	an	ian	œŋ	iœŋ	œŋ
IIc	通城	an	iɛn	aŋ	iaŋ	ɔŋ	iɔŋ	ɔŋ
	高安	an	iɛn	aŋ	iaŋ	ɔŋ	iɔŋ	ɔŋ

注：①"床/窗"表示官话转入合口的阳韵庄组字和江韵知系字。
　　②③④系互补分布，参见6.4.2。

　　第I类的监利、大冶两地梗摄并无文白异读，梗摄归入曾臻摄，这跟武汉音类相同。但大冶曾臻摄洪音为[＋前]的ε，跟主体赣方言接近，而与武汉等官话差别较大。此外，大冶的宕摄并未像武汉那样主元音占据a位，仍停留在中古宕梗对立时期的ɔ位；监利姜tɕian≠坚tɕin，显然宕摄的an为晚近的韵尾前化，可能是荆州或长沙等地影响所致。大冶"床"类字不读合口，显示其非官话的特性；监利仅"床、窗"读开口，"床"类字仍以合口为主。

　　第II类梗摄均有文白异读，"床"类字均不读合口。

　　IIc类通城跟高安同出一辙，宕梗ɔŋ–aŋ对立是典型的赣方言表现。IIb类发生了梗摄向咸山摄的合流，IIb1的通山、咸宁音值为鼻化，跟莲花相同；IIb2嘉鱼、蒲圻为鼻尾，这一分合及音值表现我们尚未在江西赣方言发现。考虑到长沙、监利等地宕摄由aŋ变an，我们认为IIb2是在IIc基础上，梗摄韵尾前化的结果。

IIa类的阳新、崇阳跟双峰音类相同、音值相近,宕梗合流是其显著特点。阳新、双峰主元音音值皆偏后,以主体赣方言的视角,可以视为梗摄并入宕摄,或者说,阳新、双峰无法在-ŋ尾区分出赣方言a、ɔ的前后对立。崇阳音值偏央,由于其通摄发生了uŋ>ɤŋ>ən的音变(下详),因此宕梗摄的ɤŋ很有可能是ɤŋ在əŋ>ən发生之后,主元音填补ɤ位而发生央化的结果。

须要注意的是,虽然三地梗摄舒声走向相同,但入声却差别较大(见第四章)。阳新梗摄入声读后a类,与咸山摄入声和假二皆合流;双峰梗摄入声也读后a类,但仅与假二合流,咸山摄入声为前a类;崇阳基本同双峰,只是咸山摄入声处于前a向后a归并的进程中。梗摄入声的演变差异说明,三地并非同一演变节点的直接分化。

7.4.3　通摄与入通摄的梗摄文读

跟湘赣方言相仿,鄂东南方言的通摄一等也能按合口是否保持分为两类,如表7-10(斜线前白后文)。

表7-10　鄂东南及相关方言通摄及相关韵摄今读

类型	方言点	通摄 一等非见系	通摄 一等见系	通摄 三等	曾臻摄 一等开口	梗入曾臻摄 一等合口、三等知系	梗入曾臻摄 三等非知系	梗入通摄
I	监利	oŋ	ioŋ	ioŋ	ən	ən	in	—
I	武汉	oŋ	ioŋ	ioŋ	ən	ən	in	—
IIa	阳新、大冶	uŋ	iaiŋ	iaiŋ	ɐ̃冶	uŋ	iɐŋ	—
IIa	娄底	aŋ	(ʈ)aŋ	(ʈ)aŋ	e	uen、en	ien	—
IIa	崇阳	ən	in	in	iɛ	ən	in	继承
IIa	通城	əŋ	in	in	iẽ非精组系／ẽ精组	ən	in	—
IIa	修水	əŋ	iŋ	iŋ	en	ən	in	—

续表

类型	方言点	通摄			曾臻摄一等开口	梗入曾臻摄		梗入通摄
		一等非见系	一等见系	三等		一等合口、三等知系	三等非知系	
II b	通山	ɐŋ	uɐŋ	iɐ̃	ɛ̃	ɐŋ	in	生ɐŋ
	咸安	əŋ	əŋ白 uəŋ主体	iəŋ	iẽ非见系、ẽ见系/ɐẽ	əŋ	iəŋ	生əŋ
	嘉鱼	ən	uən	iən	in	ən	iən	继承
	蒲圻	ən	əŋ白 un文	in	ɛn	ən	in	继承

表中第I类仅监利一点,通摄一等保持合口,主元音[+后]且为后鼻尾,跟官话相同。梗摄无文白异读,更与通摄无关。

第II类涵盖所有江南八县,通摄一等非见系均失落合口,主元音为央元音,鼻尾前后各异。再按见系表现分作两小类:

IIa类:包括阳新、大冶、崇阳、通城,见系表现同非见系。按照之前对湘赣方言类似表现的解释,通摄一等和三等都经历了主元音裂化产生-u-介音,之后合口变开口的过程。崇阳、通城主元音为ə,跟修水、波阳、泰和等地的赣方言一致;阳新、大冶主元音为偏低的ɐ,跟老湘语娄底等地的a或ʌ类音更为接近。

IIb类:通山、嘉鱼见系声母字主元音同非见系,但有-u-介音。我们认为,这恰恰反映了见系与非见系声母合口组合能力的差异。李佳(2006:37)曾指出:

> 开合易变受声母、主元音、韵尾条件制约。从声母跟合口配合的难易程度来看,存在着帮系⊃端系(泥来母⊃端精组)⊃(知系)⊃见系的蕴含关系。除闽方言外,帮系能分开合较为罕见。除去某些三四等特字,见系一二等合口失去-u-介音而跟开口合流的现象更为少见。端系跟合口

的配合能力介于两者之间,在锐尾条件下,无论主元音高低前后,都有失去-u-介音的趋势。

见系声母跟合口的组合能力最强,由此造成了通山、嘉鱼两地演变的滞后。

蒲圻见系声母字呈现明显的文白差异,按照白读理应归入IIa类。咸安见系声母字仅"公、孔"二字白读为ən,其音类主体仍为uən,可能早期亦属IIa类。

通摄一等(非见系)合口失落,其后果有三:

(1)合口失落后韵尾不变(仍为ŋ),主元音变ə,即通城、咸安的状态。但高元音舌位距唇、齿、颚皆近于低元音,因此对鼻尾的区分度也小于低元音,这就使得ən、əŋ合流极易发生。鄂东南方言曾臻均不能分,即是这一音理在起作用。而崇阳、嘉鱼、蒲圻三地通摄的ne,我们认为亦由该音理使然。

通摄韵尾未前化之时,其与曾臻摄尚可相安无事,如通城、咸安;一旦前化则必然与之相混(跟星子因曾臻有别造成的曾通合流刚好相反)。由于梗摄文读此前已入曾臻摄,因此也"继承性"地混入通摄。

(2)跟韵尾前化这条演变路径不同,大冶、阳新、通山主元音低化为ɐ(如表7–11),由于三地均无aŋ韵母,ɐŋ的音系价值也就等同于低主元音的aŋ。事实上,汪国胜(1994)中的大冶(金湖)材料就记为aŋ,我们调查该点的记音也与之相同。

表7–11　鄂东南方言通摄一等(非见系)的演变

崇阳、嘉鱼、蒲圻		通城、咸安		大冶、阳新、通山
ən	<	əŋ	>	ɐŋ

咸安通摄虽然记为əŋ,但其音系中同样无aŋ韵母,跟通城不同。从系统价值上看也可将咸安归入大冶等三地,只不过其主元音低化还不甚明显。而娄

底等地湘方言的aŋ也正是大冶型主元音低化的反映。

（3）更为特别的是,在通摄跟曾臻摄并未合流的咸安、通山,梗摄文读除并入曾臻摄外,还有少数归入通摄。以通山为例,梗摄白读为æ̃（跟咸山摄合流）,但文读分布于三个韵母,如表7-12。

表7-12　通山的梗摄文读

读音	梗摄文读字	匹配音类
tsɐŋ	争筝挣狰铮	中
sɐŋ	生甥牲[僧]	松
sɛ̃	省	闪
kɛ̃	更庚耕羹	根
tsən	征诚城整正郑	针真蒸
sən	声成盛	深身升

跟ɛ̃、ən类相比,文读ɐŋ类辖字较少（表中为穷举）。由于江淮官话黄孝片与西南官话梗摄仅前鼻音一读,ɐŋ类文读显然不可能来自这些方言。其后鼻韵尾及主元音偏低的特点,更像是由主体赣方言的白读aŋ借入（此处的曾摄字"僧"也许另有来源）。

第八章　赣方言韵母的音系实质 [①]

在以上四章讨论的基础上,我们尝试从音节结构和主元音构型两个角度,概括赣方言韵母的音系实质。

8.1　CVC型的音节结构

8.1.1　音节结构及音节结构的简约化

无论从发音还是从感知的角度,音节这个概念都难以直接界定,因此音系学中的音节理论,往往是以响度原则为基础,对音节类型进行罗列。因此本书仅讨论音节结构,并不涉及音节本身。

汉语诸方言,虽不出"一字一音一义"的结构格局,但音节结构差异悬殊。王洪君(1999/2008)将汉语音节形式化为以下公式:

IMN｛Cc/Cv｝

(I:声母,M:介音,N:主元音,Cc:辅音性韵尾,Cv:元音性韵尾)

---

① 本章部分内容发表于《语言研究》2015年第4期,题为《赣语韵母的"弇侈同韵"及其类型学解释》。

　　因此我们讨论的重点,不仅在于韵尾的种类,还包括韵尾与主元音的关系,以及韵尾与介音或声母的关系。

　　须要指出的是,汉语方言辅音性韵尾很少超过3个,即很少出现-m/p、-n/n、-ŋ/k同鼻化韵/喉塞尾俱全的情况。闽南方言咸山梗摄的非鼻化/非喉塞系列显系文读,其性质也许超出了一般的文白异读。在湘赣及鄂东南方言中,我们没有发现类似现象,因此下文默认的辅音韵尾数量均在0到3之间。类似闽东方言的双韵尾现象则更不在本书讨论之列。

　　现行汉语方言一级分区标准虽然并不包含音节结构信息,然而音节结构的区域特性却十分明显,如赵元任较早提出吴方言元音的简约化倾向。游汝杰(2008)对此进行过专门研究,其结论实际上对简约化的地理分布和时间深度都提出了质疑:

　　　　(1)简约化在吴方言内部只是北部(太湖片和台州片)的特征,并不是吴方言专有的特征,也普遍见于非吴语方言;

　　　　(2)简约化是中古以后元音或韵尾弱化的结果,蟹摄和效摄的单元音化晚至16世纪还未完成,至迟到19世纪中期才最后完成。

　　对于吴方言的情况,我们不敢妄自评论,但就现有材料,我们可以尝试借用游先生的视角对赣方言进行一番概括:

　　(1)从地理分布上看,简约化倾向在赣方言的主体难寻其踪,而在赣方言的两翼却俯拾即是;

　　(2)从时间深度上看,我们无法从宋代赣方言材料中发现任何简约化倾向。

8.1.2　赣方言韵尾类型的空间分布

　　前四章我们分别考察了中古-i尾、-u尾跟阳声韵尾在赣方言的音值表现,得到的结论是:在昌靖片、鹰弋片、抚广片以及宜浏片大部地区,中古韵尾都相当稳固,而吉茶片、宜浏片西部及闽西客家话,-i尾、-u尾脱落和阳声韵鼻化现象则较为突出,我们将涉及赣方言的方言点集中列入表8-1(去掉大通片方言):

表8-1　吉茶、宜浏片赣方言的简约化倾向

项目	小片	方言点及音值
蟹摄一二等无-i尾	宜浏片	萍乡oɛ-ai
	吉茶片	永丰oɛ-ai、莲花oɛ-ai、泰和uø-æ、永新æ、茶陵1æ
效摄无-u尾	吉茶片	永新(洪ɒ、细iɒ)、茶陵1
前鼻韵鼻化	宜浏片	萍乡
	吉茶片	莲花、永丰、泰和
梗摄白读鼻化	宜浏片	萍乡
	吉茶片	永新、莲花、泰和、茶陵1

在6.1节我们也已整理了江西赣方言阳声韵尾演变情况,结合-i、-u尾和鼻化韵,我们可将江西赣方言分为保守、主体、接触三大类型:

表8-2　江西赣方言的三大类型

类型	主要分布地区	零星分布点	-i、-u尾俱全	无鼻化韵	辅音韵尾三分
保守型	抚广片	安义	+	+	+
主体型	昌靖片、宜浏片	余干、吉安	+	+	两分
接触型	鹰弋片	宜丰	+	+	不分
	吉茶片	萍乡	−	−	仅通摄为ŋ

主体型跟保守型在-i、-u、-n、-ŋ尾都能区分a、ɔ、ɛ三级主元音(ɔ仅限一二等可分者),保守型在-m尾亦能区分,如表8-3(入声略去,加括号表示保守型,例字尽量选取见母字,例字后所注国际音标为实际读音,后同)。

表8-3　主体及保守型赣方言韵尾及主元音配合状况

（介音）主元音　韵尾	-∅	-i	-u	-m	-n	-ŋ
ɛ	锯	—	沟	（人参）	根	（肯）
i	机、队	—	九	（金）	紧	（应）
u	姑	龟、队	—	—	棍	公
iu	居	—	—	—	军	穷
ɔ	歌	该	（高）	（甘）	肝	缸、姜iɔŋ
uɔ	锅	会²	—	—	官	光
a	家	街	跤	（减）	间	硬
ia	姐	—	浇iɛu	（兼iɛm）	坚iɛn	颈
ua	瓜	快	—	—	关	横
iua	—	—	—	—	捐	—

可见，主体型和保守型跟宋代韵图两呼四等十六摄的格局十分吻合，其音节结构可以肯定是CVC型，而两种接触类型须另作说明。赣东北的鹰弋片一般认为受官话影响较大，多数点梗摄没有aŋ类白读。但其宕江摄却没有像官话那样占据aŋ位，以横峰为例：

表8-4　横峰韵尾及主元音配合状况

（介音）主元音　韵尾	-∅	-i	-u	-m	-n	-ŋ
ɛ	锯ɛ	—	沟ɔi	（人参）	根ən	（肯）
i	机i	—	九iu	（金）	紧in	（应）
u	姑u	龟、队uei	—	—	棍un	公oŋ
iu	居y	—	—	—	军yn	穷ioŋ

续表

（介音）主元音 ＼ 韵尾	-∅	-i	-u	-m	-n	-ŋ
ɔ	歌ɔ	该ai	（高）	（甘）	肝nɔ	堂aŋ、缸ɔŋ、姜iaŋ
uɔ	锅uɔ	会ᶻuei	—	—	官nuɔ	光ŋuɔŋ
a	家a	街ai	跤au	（减）	间aŋ	（硬）
ia	姐iɛ	—	浇iau	（兼）	坚iɛŋ	（颈）
ua	瓜ua	快uai	—	—	关uaŋ	（横）
iua	—	—	—	—	捐ɣɛŋ	

横峰-n尾主元音有i、y、u、a（ɛ）、ɔ对立,形成一个完整的三角形格局; -ŋ尾仅ɔ、o对立,而无赣方言最常见的aŋ韵（梗摄入臻曾摄）。横峰通摄主元音为o,但宕摄却呈现出非常奇特的分化:

表8-5　横峰的宕摄分化

	帮系	端系	知系	见系 开/合
唐韵	uɔŋ	an	—	ɔŋ/uɔŋ
阳韵	uɔŋ	ian	an	ian/uɔŋ

宕摄的分化有严格的语音条件,不像扩散式音变,按一般假设,主元音为ɔ是存古,主元音为a是创新。但创新类并不保持独立音类,而是与咸山摄二等合流。另外,除侯韵外,横峰的-i、-u尾也较为完整,因此总体上看,横峰是赣方言向官话演变的过渡类型。

吉茶片则不然,以莲花为例,如表8-6。

表8-6　莲花韵尾及主元音配合状况

（介音）主元音 ＼ 韵尾	-∅	-i	-u	-m	-n	-ŋ
ɛ	锯e	—	沟œ	（人参）	根ɛ̃	（肯）
i	机i、队œ	—	九iu	（金）	紧ĩ	（应）
u	姑u	龟uœ	—	—	棍ũ	公əŋ
iu	居y	—	—	—	军yẽ	穷yŋ
ɔ	歌o	该œ	（高）	（甘）	肝ɔ̃	缸ɔ̃、姜iɔ̃
uɔ	锅uo	会ᶻuœ	—	—	官uã	光uɔ̃
a	家a	街ai	跤ao	（减）	间ã	硬ã
ia	姐ia	—	浇iɛo	（兼）	坚iẽ	颈iã
ua	瓜ua	快uai	—	—	关uã	横uã
iua	—	—	—	—	捐yẽ	—

莲花阳声韵除通摄外,悉数鼻化。通摄一等读为əŋ,我们之前已经论证,此系合口变开口使然,在赣北和赣南都十分常见。如果将əŋ还原为uŋ,就会发现莲花实际上只有一个底层鼻音音位,如下表所示:

表8-7　莲花的底层鼻音音位

iN		uN	yN
eN	ieN、yeN	ɔN	iɔN、uɔN
	aN	uaN	

诚然,莲花蟹摄二等有-i尾、效摄有-o尾,但其阳声韵今读却表现为CV型的音节结构,跟赣方言的主体大不一样。从地形上看,宜春—萍乡—醴陵—株洲、吉安—井冈山—茶陵—安仁—衡阳两线,是最重要的湘赣通道。前者即湘赣铁路的走行线,迄今为止是直接连接湘赣两省的唯一铁路线;后者是在建的

衡茶吉铁路的走行线,建成之后将成为第二条湘赣铁路通道。湖南移民材料也显示,吉州是湖南南部移民的重要源地(详见下章)。基于这些情况,我们认为,赣方言的西南接触型在历史上可能受到湖南方言的强烈影响。

　　事实上,音节结构因素已经成为赣方言下位分区的重要标准之一。赣方言分区主要有颜(森)、刘(纶鑫)、陈(昌仪)三家,孙宜志等(2001)、谢留文(2006)两位先生均对其进行过细致总结,并各自提出了改进方案。刘、陈、谢三位先生的分区方案一致性较高,可以说反映了学界在该问题上的某种共识。我们就以刘纶鑫(1999)、陈昌仪(2005)和谢留文(2006)为据,结合隋唐两代的历史政区演变,将三家分区方案进行比较(如表8-8),划分标准我们以最后发表的谢文为准。

表8-8　江西赣方言分区方案比较

隋	唐	今县	刘	陈	谢
庐陵郡	吉州	莲花、永新、宁冈、井冈山、遂川、万安、泰和、吉安、吉水、安福、永丰	吉安片	吉安片	吉茶片(孙说泰和片) 1、鼻化韵丰富,韵母数目少; 2、多无入声,古全浊入今多读去声。
		峡江			
宜春郡	袁州	萍乡	宜春片	宜春片	宜浏片(孙说分北奉新、南分宜) 止摄开口精庄组与知章组声异则韵别,丰城例外。
		宜春、分宜、新余			
豫章郡	洪州	万载、上高、宜丰、高安、奉新、靖安、丰城			
庐陵郡	吉州	樟树、新干			
豫章郡	洪州	修水、武宁、永修、安义、新建、南昌	南昌片	南昌片	昌都片(孙说都昌片) 1、送气分调,武宁例外; 2、有浊声母,南昌、新建、安义例外。
九江郡	江州	德安、都昌、星子、湖口			

隋	唐	今县	刘	陈	谢
豫章郡	洪州	进贤	临川片	临川片	抚广片（孙说崇仁片）
临川郡（含邵武、将乐等）	抚州	东乡、临川、崇仁、乐安、宜黄、金溪、资溪、南城、南丰、黎川、广昌			1、古透定母开口一等字声母白读为h，宜刘、吉茶少数点亦有； 2、入声若分阴阳，阴低阳高，广昌例外； 3、古全浊上部分字读阴平，吉茶、鹰弋亦有。南丰、广昌古次浊上亦有； 4、东临资丰黎广-m、-n、-ŋ和-p、-t、-k韵尾俱全； 5、古来母今齐齿呼多数点读t声母。
九江郡	江州	彭泽	波阳片	余干片	鹰弋片（孙说分北乐平、南铅山）
鄱阳郡（含上饶）	饶州（含上饶）	景德镇、波阳、乐平、余干、万年、余江、鹰潭、贵溪、弋阳、横峰、铅山			1、"渠"一般读送气kʰ或tɕʰ，惟弋阳读零声母，他处赣方言多不送气； 2、我多说"阿、阿里"，抚广片一些点和宜浏、吉茶个别点亦有； 3、多数点梗摄字无aŋ、iaŋ、uaŋ的白读系统。

注：分布仅限县内部分区域的情况暂予忽略；若市区和附郭县同属一片，仅列县名；铜鼓县涉及客赣分合问题，暂不纳入表中；隋唐建制以《中国历史地图集》为准，隋为大业八年（612），唐为开元二十九年（741）。

可见，三家的分区标准均为复合标准，即难以为每区找出一个排他性的标准，这跟赣方言形成的历史不无关系。对于"赣方言这样一个大的搭界方言"，"（其）与四邻方言的交涉，一定不自原始赣方言才开始"（何大安2004）。所以尽管具体标准或有差异，但三家分区仍然"殊途同归"，实际上都大致反映了隋七郡或唐八州的分野。

8.1.3　赣方言韵尾类型的时间深度

现代江西方言CVC型的音节结构至少可以上溯至宋代。鲁国尧（1992）

对《全宋词》《全宋词补辑》和《全金元词》中的江西词人用韵进行了穷尽性考察,最终系联、归纳为十八部,我们照录如表8-9。

表8-9　江西词人用韵情况

阴声		阳声		入声	
词部	《切韵》	词部	《切韵》	词部	《切韵》
歌戈	歌戈	监廉	覃谈咸衔盐严凡添	月帖	曷末辖黠月薛屑合
麻车	麻韵及佳涯挂画等字	寒先	寒桓删山元仙先		盍洽狎叶业乏
皆来	咍灰泰皆佳夬	侵寻	侵	德质	德职陌麦昔锡没质
支微	支脂之微齐祭废	真文	痕魂真谆欣文		术迄物缉
鱼模	模鱼虞	庚青	登蒸庚耕清青		
萧豪	豪肴宵萧	江阳	唐江阳	铎觉	铎觉药
尤侯	侯尤幽	东钟	东冬钟	屋烛	屋沃烛

注:表中阳声韵与入声韵对应,与阴声韵无对应关系。

而据古屋昭弘(1992)的观点,《正字通》反映了17世纪的赣方言宜春方言。华建胜(2007)对其韵类进行了系联,并据现代宜春方音给出了构拟,我们也抄录如表8-10。

表8-10　《正字通》音类构拟

韵尾	韵类	开	齐	合	撮	中古韵摄
无尾	戈	o				果摄
	加	a	ia	ua		假摄,个别蟹摄
-i尾	计		i		y	蟹止摄
	盖	oi				蟹摄一等开口
		ai		uai		蟹摄二等

续表

韵尾	韵类	开	齐	合	撮	中古韵摄
-u尾	故			u	y	遇摄,个别尤韵字
	高	au	iɛu			效摄
	偶	ɛu	iu			流摄
鼻尾	甘	on		uon		咸山摄一等舒声
		an	iɛn	uan	yɛn	咸山摄二三四等舒声
	京	ɛn	in	uɛn	yn	深臻曾梗摄舒声
	康	oŋ	ioŋ	uoŋ		宕江摄舒声
	红	uŋ				通摄舒声
喉塞尾	甘入	oiʔ		uoiʔ		咸山摄一等入声
		aiʔ	iɛʔ	uaiʔ	yɛʔ	咸山摄二三四等入声
	京入	ɛʔ	iʔ	uɛʔ	yʔ	深臻曾梗摄入声
	康入	oʔ	ioʔ			宕江摄入声
	红入	uʔ	iuʔ			通摄入声

须明确的是,任何韵类的系联都只能反映音类,无法直接反映音值。但鲁先生和华建胜系联所得音类至少向我们传达了以下音值信息:

（1）《切韵》阴声韵的无尾、-i尾跟-u尾三类,在宋代江西方言各不相混,即果假、蟹止、遇效流三组韵类界限分明。宋词支微、鱼模两部虽大量通叶,但我们注意到,跟止摄通叶的模韵字多为端系字,谨摘录鲁先生文中例字如表8-11。

表8-11　宋词之支微、鱼模通叶

	端系及庄组	其他声系
模韵	都祖路组	户暮
鱼虞韵	雏数	许取遇裾处五㕛舞据雨渚住驻负具趣宇树侣去絮付主缕

而孙宜志（2007）在讨论江西赣方言遇、止摄混读时，仅提到精（庄）组，如租、子韵母修水皆为ɿ，而奉新皆为u。我们认为，模韵精组读ɿ是在u基础上，受声母影响而高顶出位的结果，是不触及音节结构全局的晚近音变。

（2）阳声韵与入声韵韵尾稳固。鲁先生提到：

> 在宋元词人用韵中，阴声字与入声字界限很严格，但偶或通叶。整个《全宋词》及《全宋词补辑》中约有七十余次。宋代江西词人则有相当数量，达十八首。

须知，这两部书中，鲁先生一共考察的词作多达四千三百首。鲁先生对这一现象的解释是：

> 那时的江西话不至于丢失入声……宋元时代的通语里，入声韵尾仍存，但偶有所削弱，这些江西词人是按照通语的习惯押韵的，所以产生阴声字与入声字偶或通叶的现象。

但通观鲁文，并未提及阴阳互叶之例。虽然这并不代表宋词的阳声韵部一定是鼻尾，但可以肯定的是，当时江西方言阴、阳韵部距离遥远，即便其阳声韵有鼻化存在，也与老湘语、闽南方言的鼻化性质不同，其原因有三：

（1）老湘语和闽南方言的鼻化元音已经完成了阴阳对转的过程，随阴声韵一起演变。如娄底、湘乡等地梗摄白读为õ，我们之前已经论证，若以aŋ为演变起点，其演变路径应先鼻化为ã，再随假摄一起发生主元音后化，而非相反的情况。

（2）老湘语和闽南方言都有去鼻化（denasalization）现象存在，如涟源梗摄白读已读为ɔ，混入假摄；咸山摄二等读为a，混入蟹摄二等。闽南方言的"相"字也有鼻化跟去鼻化两读，均为白读音：

泉州：sã,sa　　　漳州：siɔ̃,sio　　　厦门：sã,sio

然而冀鲁、胶辽、中原等官话区,虽然鼻化元音也较为常见,但我们尚未发现有去鼻化的方言点。考虑到去鼻化在晋语广泛存在,而其宕果合流、梗蟹合流等音韵特点可以明确追溯到宋西北方音,因此我们认为,去鼻化,即阴阳互叶是鼻化深度的重要表征。

（3）南音、现代闽南通俗歌曲鼻化韵跟阴声韵通押,这也反映出本地语感的去鼻化进程。

综上所述,在宋词押韵所能反映的时间深度内,我们相信,其时主体赣方言的音节结构亦为CVC型。

8.2　仅外元音的音系格局

8.2.1　赣方言韵母的"弇侈同韵"

颜森（1990）在归纳赣方言特点时,除古全浊声母不论平仄皆读送气清音这一尽人皆知的特点外,还提到:

> 赣语的另一显著特点是遇摄三等鱼韵、流摄一等、臻摄开口一等、曾摄开口一等和梗摄开口二等（文读）字,许多地方的主要元音是[ɛ]（或者是相近的[e æ]）,这一点往往给外地人以鲜明的语感。

颜先生原文主要讨论抚广片,因此只给出了南昌、抚州、黎川3个代表点的例字,我们另据刘纶鑫（1999）补录永修（代表昌靖片）、高安（代表宜浏片）、吉安（代表吉茶片）、乐平（代表鹰弋片）4点列为表8–12（略去声调）。

表8-12 赣方言的ε类主元音

方言点 \ 韵目及例字	遇 锯白	遇 鱼	流 豆	流 楼	臻 根	臻 吞	曾 邓	梗 生文
永修	kɛ	ȵiɛ	dʰeu	lɛu	kɛn	dʰɛn	dʰɛn	—
南昌	kiɛ	niɛ	tʰeu	lɛu	kiɛn	tʰɛn	tʰɛn	sɛn
高安	kiɛ	ø	heu	lɛu	kiɛn	hɛn	hɛn	sɛn
吉安	kiɛ	ȵiɛ	tʰeu	lɛu	kən	tʰən	tʰən	sən
抚州	kiɛ	niɛ	heu	lɛu	kiɛn	hɛn	hɛn	sɛn
黎川	kɛ	niɛ	heu	lɛu	kiɛn	hɛn	hɛŋ	sɛŋ
乐平	kʉ	ŋʉ	tʰeu	leu	kiɛn	tʰən	tʰən	—

这一特点的概括,是指引我们对赣方言韵母系统进行更深层次思考的最好提示。据上表以及前四章的赣方言材料不难发现:

(1)ε类音在赣方言单点音系内部呈系统分布,在鱼虞有别的层次出现单元音ε,在流摄出现带-u尾的εu,在曾臻摄和梗摄文读出现鼻尾的εn、εŋ或鼻化的ɛ̃类韵。

(2)ε类音在赣方言不同区片高度一致,乐平鱼韵的ʉ在同片的横峰读为ε,吉安的ən在同片的莲花读为ɛ̃。

这一发音特征的后果,李军(2009)在论述20世纪20年代的高安方音时,将其概括为"弇(ˀiɛn)侈同韵",具体表现为:

(1)弇音梗摄文读、臻摄、曾摄开口一二等韵字,开口三等韵庄组字与侈音山摄开口三四等韵字韵母主元音与韵尾同为εn(εt),弇音深摄庄组字与侈音咸摄三四等字韵母主元音与韵尾同为εm(εp)(例略);

(2)弇音流摄一等韵及三等韵庄组字与侈音效摄三四等韵字韵母主元音与韵尾同为εu(例略)。

可见,"弇侈同韵"就是我们在第五、六两章中重点论述的问题,而赣方言的ε类音就是这一现象产生的根源。"侈、弇"对立最早用于古音学,从方言学的角度来看有些古奥难解,但其实质是主元音开口度的大小对立,即主元音音值的a–ə对立,因此我们可将"侈"理解为外转,"弇"理解为内转。对照普通话,我们就很容易理解"弇侈同韵"的成因,如表8–13所示:

表8–13　主体赣方言、普通话主元音格局对照表

主体赣方言		普通话		
i　　　内转三等		i　　　内转三等		ə　　内转一等
ε　　内转一等	外转三四等	ε　　外转二三四等		
a　外转二等		a　外转一二等		

王洪君(2008:54)在分析普通话韵母系统格局时指出:

> (普通话)韵腹位置上,在有-i、-u、-n、-ŋ韵尾的情况下,[±低]的对立十分重要。尽管单字韵母中韵腹的具体音值有跨类的现象(如ian的a的音值为中元音,iən的ə的音值为高元音),但在儿化中韵腹的音值都复原到原来的类。

即,普通话由中古内转而来的音类,主元音为[–低],由外转而来的音类,主元音为[+低]。外转类为细音时,主元音受介音拉动,由[+低]的a变为[–低]的ε是十分自然的协同发音过程。当然,主元音是否升高还受到韵尾的制约,就普通话而言,山摄来源的齐齿、撮口呼字已完成这一过程;而效摄来源的齐齿呼字,该音变尚未发生。尽管有跨类发生,但[±低]的对立,即内外转的对立没有被打破。

主体赣方言则大为不同。在-i、-u、-n、-ŋ韵尾的情况下,其韵腹位置并不存

在[±低]对立。跟中古外转对应的音类,主元音即普通话的[-低]类,如一二等有分则另有[+后]类。然而,跟中古内转对应的音类,主元音非[-低],而为[+前]。由于[-低]类主元音受介音影响而上升为自然音变,本已拥挤的前元音序列又不太可能增加音位来保持对立,因此其与[+前]类混并在所难免。

8.2.2　赣方言内元音的缺失

韵图时代内转韵摄的音值固然难以捕捉,各家拟为[-低]的ə类元音也仅仅只是依据时音得到的一个参考,但中古通语,内外转读音不混却是一个不争的事实。清代举子有"该死十三元"的抱怨,但与内转魂痕相混的,只有三等重韵之一的元韵,并未延及仙韵及四等先韵。通语中内转一等与外转三四等出现所谓"弇侈同韵",我们尚未知晓。

而"弇侈同韵"现象至迟在宋代江西方言已有反映,之前我们所引鲁先生文中就重点论述了萧豪、尤侯互叶问题:

（1）在宋词中,萧豪部字互叶,尤侯部字互叶,此疆尔界,应别为二。至于两部偶或互叶的现象,宋代四川词人仅有二例,山东词人则无。而宋元江西词人中,这种通叶现象则显得颇为突出,达三十五例,不少著名作家亦然,范围遍及全省。

（2）如果萧豪与尤侯通叶的现象仅在宋元江西作家的词里出现,还可以说这是词押韵较宽（或较乱）的缘故,可是在这些作家的诗里也有这种现象……宋代汴洛文士的诗里无此现象,据粗略观察,中原词人的作品亦然。

（3）因此,我们认为,宋元江西诗词中萧豪与尤侯的一定数量的通叶,透露了当时江西方言的痕迹。

鲁先生所绘《宋元江西词人萧豪、尤侯通叶分布图》谨转录如下。

图8-1　鲁国尧（1992）所绘宋元江西词人萧豪、尤侯通叶分布图

　　再将第五章内容与此分布图对照，可以进一步佐证鲁先生的结论，亦即：效流两摄的"夿侈同韵"现象至迟可推至宋代。

　　至于山臻两摄是否存在"夿侈同韵"，在宋词押韵材料中并无显著表现。鲁先生发现，真文部与寒先部仅有个别通押，但与真文部通叶的个别寒先部字均来自《广韵》元韵，而与寒先（监廉）部通叶的个别真文部字几乎都来自魂、痕韵。鲁先生认为，由于诗韵元、魂、痕通叶，而词韵元入寒先、魂痕隶真文，因此宋词中极个别的真文、寒先通叶是诗韵影响的余波，亦偶见于非江西词人。

真文与寒先两部不通押,至少显示出当时的江西方言,臻(曾)摄一等与山(咸)摄三四等的读音还没有近到能够相混的程度。根据我们在第六章的归纳,现代赣方言的主流已然不是这种面貌。虽然押韵材料无法准确反映音值,但我们有理由相信,在宋代江西方言中,要么臻(曾)摄一等字并未开始腭化进程,要么山(咸)摄三四等主元音并未进入高化阶段。

虽然熊燕(2004)并未直接提出"弇侈同韵"的概念,但她提出的客赣方言元音音位格局理论却较好地解释了这一现象的成因(以下我们只提赣方言)。熊燕认为,赣方言的主元音是形如下图的三角形格局:

$$
\begin{array}{ccccc}
i & & y & & u \\
\varepsilon & & (\mathrm{\ni}) & & \mathrm{ɔ} \\
& & a & &
\end{array}
$$

中古韵摄跟主元音及韵尾的对应关系如下(鱼韵为笔者所加):

表8-14　赣方言主元音及韵尾的中古对应

主元音	转呼等	无尾	-i尾	-u尾	-m尾	-n尾	-ŋ尾
i	内开三等	蟹三四、止	—	流三	深	臻三	曾三、梗三四文
y	内合三等	遇三	—	—	—	臻三	通三
u	内合一等	遇一	—	—	—	臻一	通一
ε	内开一等	[鱼]	—	流一	—	臻一	增一,梗二文
ɔ	外转一等	果一	蟹一	效一	咸一	山一	宕一(江)
a	外转二等	假二	蟹二	效二	咸二	山二	梗二白
ə	内转三等知章组	—	—	流三	深	臻三	曾三、梗三文

熊燕注意到,"ə通常为内转三等知章组或其他声组失落-i-介音后新增主元音,或者为ui、un、ut等组合中流音发展出的主元音",因此她在元音格局图中将ə加了括号。

　　我们对熊燕的观察十分赞同,在此基础上,我们主张去掉ə音位,即典型赣方言并不存在北方话常见的央元音ə,中古内转韵摄主元音在赣方言皆为前元音ɛ,现在所见的ə主元音韵母是语音性质的音位变体。承认这一点,对我们理解赣方言韵母的音系实质至关重要:

　　(1)根据类型学对海量语料进行的分析(Crothers 1978),元音按跨语言分布表现可分为外元音(peripheral vowel)与内元音(interior vowel),前者包括[+前][-圆唇]元音、[+后][+圆唇]元音和[+低]元音,近似于传统概念中的正则元音;后者包括外元音框内的其他所有元音,近似于传统概念中的非正则元音,如图8-2(阴影内为内元音,阴影外为外元音)。

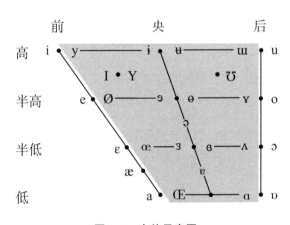

图8-2　内外元音图

　　Crothers用元音总数与内元音数量之比刻画一种语言的元音系统,据他对209种语言的统计,无内元音的五元音是最常见的元音构型,如表8-15(据Crothers表改)。

表8-15　内外元音的类型学统计①

百分比	语言数	元音构型	外元音						内元音	
11.0%	23	3：0	i			a		u		
10.5%	22	4：0	i	ɛ		a		u		
		4：1	i			a		u	ɨ	
26.3%	55	5：0	i	ɛ		a	ɔ	u		
2.4%	5	*5：1②	i	ɛ		a		o	ɨ	
3.3%	7	6：0	i	e	ɛ	a	ɔ	o	u	
13.9%	29	6：1	i		ɛ	a	ɔ		u	ɨ
5.3%	11	7：0	i	e	ɛ	a	ɔ	o	u	
6.7%	14	7：2	i	e		a		o	u	ɨ　ə
3.3%	7	9：2	i	e	ɛ	a	ɔ	o	u	ɨ　ə

　　注：①表中仅列出了最常见的十种情况，共包括173种语言，占全部样本的82.8%。
　　　　②*5：1前的星号表示外元音有残缺，此处缺少u。

　　我们认为，主体赣方言即属于这一类型学上最为常见的5：0型，其韵母系统只有外元音而无内元音，亦即，赣方言缺乏北方方言型的高低对立。一些赣方言通过合口边开口、三等介音前移等音系过程滋生出ə主元音，演变为类型学上次常见的6：1型。

　　（2）如果北方方言跟江西方言的主元音格局都能上溯至中古，那么赣方言形成之时，无高低对立的江西方言就要去匹配有高低对立的北方方言。前元音ɛ极易滋生-i-介音，赣方言各方言点的共时差异恰恰反映了这一滋生进程。而-i-介音的滋生，直接导致了音类上的"弇侈同韵"，成为赣方言区别于周边方言的重要特性。

　　（3）受赣方言影响较深的方言，在接触中会发生二次匹配，同样出现"弇侈同韵"的音类面貌。我们将在下一章进一步说明。

第九章　赣方言韵母的楚化 [①]

在对湘赣及鄂东南方言的韵母系统进行了较为系统的比较,并提出CVC型的音节结构与仅外元音的音系格局是典型赣方言韵母系统的两大特色之后,我们将湘赣及鄂东南方言放入一个更大的"吴楚连续体"视野内加以考察,重点论述赣方言韵母"楚化"的主要音系过程,并对相关方言的性质作出自己的判断。

9.1　何谓楚化

9.1.1　吴楚连续体的成立

吴楚连续体是近年来解释方言历史格局演变的重要学说,其论点主要有二:中古全浊声母的保留和蟹假果摄的链变。

根据声母发声态保留中古三分格局而将吴湘方言相互关联的看法,在袁家骅所著《汉语方言概要》(1960年版)中已明确提及。其后桥本万太郎(1978/1985:31)在说明日语方言中确实存在清不送气、清送气和浊音三项对

① 本章部分内容发表于《中国方言学报》第6期,商务印书馆2016年出版,题为《从湘赣方言韵尾之别看"吴楚方言连续体"的性质》。

立时,也以吴湘关系为佐证,提到"吴语和湘语曾经明显地构成同一个方言地区,很可能后来在客家南下时从中间分割开了"。

孤证不立。徐通锵所著《历史语言学》(1991),在讨论汉语方言一二等"静态"结构格局的基础上进一步提出,"(动态的)演化方式的相似性是确认近亲姊妹方言的一个最有力的证据"(第402页)。他通过观察吴湘方言蟹、假、果、遇、流摄音值发生的相似性链移,从结构变迁的角度进一步拉近了吴方言跟湘方言的距离。

其后张光宇(1999)发现类似的元音格局在徽方言和通泰方言同样存在,于是将湘、徽、通泰、吴方言连成一片,正式提出"吴楚江淮方言连续体"的设想。陈立中(2005)在详举湘方言和吴方言的演变状况后,又加入湘南土话、粤北土话、北部平话、沅陵乡话、宁德闽方言和闽西客家话,提出该现象集中分布于苏南、皖南至浙南和闽东北的"吴越板块"和湘、资、沅三水流域至南岭地区的"南楚板块",是研究该问题最为详实的论文。

而近年来湘方言确认标准的变迁又为吴楚连续体学说增添了新的活力。陈晖在其博士论文(2006:187—188)中放弃了前人古全浊声母今读这一单一标尺,提出四条特征作为确认湘方言的标准:

①古全浊声母舒声字今逢塞音、塞擦音时,无论清浊,一般念不送气音;

②古入声字今读无塞音韵尾[-p -t -k],也无喉塞尾[-ʔ];

③声调有五至七类,绝大多数方言去声分阴阳;

④蟹、假、果摄主要元音形成[-a]、[-o]、[-ɷ]序列。

虽然陈晖反复强调标准①最为重要,"能用第①条或第①②条解决问题时就不去涉及③④条",但"个别方言与第①条有抵触但符合第④条时,仍看作湘语,如娄底有的方言"。陈晖认为,娄底古全浊声母不论舒入一律读送气清音是客赣方言的典型特征,而涟源桥头河方言古全浊声母无论舒入都已清化,清化后舒声字逢塞音塞擦音不送气,这又与长益片方言一致,跟双峰、湘乡等地都截然不同。然而,当地人"古全浊声母读音差别的感觉并不像我们想象的那样敏感,这四地的人们能用各自的方言自如地交流……但其他很多地方的人都一致认为湘方言中最难懂的就是双峰、湘乡、涟源、娄底一带的话"。

据此陈晖认为,造成娄底、双峰、涟源等地对内一致性和对外排他性的诸多因素中,"韵母的演变格局或演变模式不容忽视",即对于老湘语腹地方言,标准④比标准①更为重要。

无独有偶,沈钟伟(2007)从韵尾对立消失和全浊声母清化两方面,得出了跟吴楚连续体相似的方言分组。我们将沈先生文中的表格摘录如下,并补上蟹效假果四摄主元音信息,其中除桂林、南宁采用杨焕典(1998)、绩溪采用赵日新(2003)外,其他皆取《汉语方音字汇》。桂林、南宁两地皆指讲平话的郊区。绩溪未收"歌",以"哥"推。

表9-1　汉语方言韵尾存失相关性

分组	方言区	蟹一孝一虾一歌	方言区	蟹一孝一虾一歌	平	病	鼻尾塞尾区别
第一组	吴方言	苏州ɒ-æ-o-əu	老湘语	双峰a-ɤ-o-ʊ	b	b	－
	闽南白读	厦门ue-a-e-ua	新湘语桂北平话	长沙ai-au-a-o 桂林ua-iau-u-əu	p	p	－
			徽方言	绩溪ɔ-o-ɤ-θ	ph	ph	－
第二组	闽南文读	厦门ai-au-a-o	桂南平话	南宁ai-au-a-o	p	p	＋
第三组	粤方言	广州ai-ua-a-ɔ			ph	p	＋
	赣方言	南昌ai-au-a-ɔ	客家话	梅县ai-au-a-ɔ	ph	ph	＋

易见,第一组方言麻二均不读前a。唯一的例外是长沙,但其前a是音位处理的结果,《汉语方音字汇》说"元音a作单韵母时为ᴀ",鲍厚星《长沙方言研究》说"元音a的音值,在a、ia、ua、ya中比[ᴀ]偏后"。考虑到新湘语形成过程

中受到赣方言和官话的强烈影响,这一例外应予排除。

　　绩溪虽然古全浊读清送气,但王福堂所著《汉语方言语音的演变和层次》(2005:85)据江永《榕村〈等韵辨疑〉正误》认为,三百年前古全浊声母清化后,塞音塞擦音休宁话都读不送气,目前休宁话出现的送气音和赣方言的影响有关,因此暂以绩溪为代表,将徽方言列入第一组。

　　上述列表和分类虽然十分粗线条,但却隐约揭示出:蟹摄二等有无-i尾(除长沙外)、效摄二等有无-u尾(除长沙、桂林外)跟鼻尾、塞尾是否区别可能存在系统对应,即第二、三组有-i、-u尾与区别鼻尾、塞尾相关联,而第一组无-i、-u尾与不区别鼻尾、塞尾相关联。由前文论述可知,主体赣方言归入前一类,而老湘语(娄底小片)归入后一类,而鄂东南方言分属两类,亦即,鄂东南既有吴楚型方言,也有非吴楚型方言。

9.1.2　楚地的江西移民

　　我们在2.1.3已对鄂东南地区的人口迁徙进行了初步整理,现在我们将视野扩展到整个楚地。谭其骧在燕京大学研究院的毕业论文《中国内地移民史·湖南篇》(作于1931年,题名后改为《湖南人由来考》),时至今日仍是移民史研究的基础性论文,我们将其主要观点摘录如次(小标题、着重号均为笔者所增):

　　(1)【民族背景】湖南地在古为苗、蛮所聚居,本非汉家之故国。依理除苗、蛮外,自无所谓土著;凡是汉人,莫非他处所迁徙而来者。

　　(2)【移民源地】湖南人来自天下,江、浙、皖、闽、赣东方之人居其什九;江西一省又居东方之什九;而庐陵一道,南昌一府,又居江西之什九。

　　(江西省内之分布)泰和最多,丰城、庐陵次之,南昌、吉水、安福又次之。

　　南昌丰城二县旧属南昌府,庐陵、泰和、吉水、安福四县旧属吉安府;

民国废府,以吉安所属属庐陵道。

（3）【移民方向】于宝庆以吉安府为最多,于湘阴以南昌府为最多,可知江西南部人多移湖南南部,江西北部人多移湖南北部也。

于宝庆虽以吉安为首,然次之者南昌也;于湘阴虽以南昌为首,然次之者吉安也。

湖南南北部之分,以湘阴、平江作之界。

（4）【移民时间】湖南人来自历古,五代、两宋、元、明居其什九;元、明又居此诸代之什九;而元末明初六七十年间,又居元、明之什九。

湖南至明代而人口已达与相当饱和点也。自五代以至于明,六七百年间,是为"如此今日"之湖南构成时期。

（5）【关于宝庆府】时代愈后,移民迁徙之目的地愈在僻远,此自然之理也。五代则湘阴,北宋则新化、邵阳,南宋则靖州,明代则武冈、新宁、城步;以此理推之,则清代移民之所及当更在僻远,不应在腹部。

五代以前五族,湘阴得其三,邵阳得其二,足见此二县为多数汉民族所至,早于自余新化、武冈诸县。宝庆属之开发,盖始于北宋,稍后长沙一步。然只限于北境新化、邵阳二县,南境武冈、城步、新宁诸县犹未与也。二县中又以新化为特盛,所以然者,复有政治上之原因在。

按新化与安化二县地自昔本为徭蛮所据,宋初号曰梅山蛮,时出侵扰附近州郡。神宗时王安石用事,开拓苗疆之议兴,乃以章惇经制湖南北蛮事,传檄蛮酋,勒兵入其地,逼以纳土。叛徭既平,因设县置治,招徕汉民耕垦之,于是蛮疆成为汉土。是为宋代西南开发之大事件。

（6）【关于湘北】所谓湖南南部,盖不仅指宝庆、衡、永、郴、桂诸郡而已,即长沙府属之大部分,亦在其范围之内。所谓湖南北部者,则仅限于湘阴以北,岳州、澧州等接近湖北之地;而湘阴者,盖于政治区域虽属长沙,然于移民区域言则属于岳州。

作者未尝亲至两湖,但习闻两湖人之言曰,湖南自湘阴、平江而北,其俗即不类于湖南,而富有"湖北味"。然则习俗之不同,果与其人之血统自来,有深切之关系。良以湘阴、平江而北之人,其祖先为南昌人,自此以南之人,其祖先为吉安人,而南昌、吉安之俗,固本不相同也。则自此直可以想见即湖北省之人,其大半当亦为南昌人之后裔也。

六十年后(1990),谭先生的弟子曹树基运用人口学方法,对新获得的氏族材料进行统计,不仅量化地验证了谭先生的结论,还进一步总结出"补充式移民"与"重建式移民"两种模式,提出:

(1)**湘北**地区(以平江为例)的人口来源奠基于唐及五代时期的外来移民,元末明初对湘北的移民是在已有一定规模的人口基础上进行的,是可称之为补充式的移民。尽管如此,元末明初的大移民因其时间短促却规模巨大,使之成为湘北移民史上最值得重视的事件。

(2)(**湘南**汝城)与平江模型中的直线几乎平行。位于湖南南北二端的二县人口的发展竟如此吻合,就不能视作一种巧合,实质上是某种规律的反映。对湘北地区影响最大的十二、十三世纪的移民活动,元末明初的移民对湘南影响有限(笔者按:即湘南亦为补充式移民)。

(3)(**湘中湘江亚区**)醴陵氏族人口的增长不再表现为一条渐次增长的直线。南宋以前的氏族人口年平均增长率总在5—6‰之间徘徊,尔后开始迅速的上升势头,自元代始,其人口的增长速度超过了平江、汝城,反映出元末明初移民为重建区域人口而迅速增长的趋势。

由于长沙亚区存在元代之前的人口空白,故其元明之际的移民可称为人口重建式移民,而与平江、汝城同时代的人口补充式移民有大的差别(笔者按:湘江亚区与长沙府相当)。

(4)**湘中资水亚区**也是人口补充型。以移民原籍计,1947年资水亚区人口中,78％左右为江西移民后裔……以移民时间计,宋代以前移民后裔占9％左右;宋代占53％左右;元代明初占34％左右;明初以后占4％左右。显然,无论氏族抑或人口,宋代移民在资水亚区移民史上都是极其重要的。

自北向南,元代以前迁入氏族呈递减。新化占69％,邵阳占26％,武(冈)、新(宁)、城(步)三县合之不足3％。究其因,首先是北宋对梅山的征服导致了汉人的大量迁入,迁入的浪潮也波及到资水的中上游。至明初底定,明太祖致力于西南蛮疆之经营,设卫所以控,汉籍军民遂大批迁入。故同属资水流域,从北到南,移民的先后时代井然(笔者按:资水亚区与宝庆府相当)。

我们将已掌握的情况概括为表9-2。须要指出的是,湘乡、娄底、双峰、涟源等地明代虽属长沙府,但因其恰处湘、资二水之间的山地,可能更接近宝庆府新化、邵阳等地的移民类型。

表9-2　两湖地区移民状况归纳表

地区	移民时间	移民源地	移民类型	类型原型
武昌府东	宋	赣北鄱阳湖地区	整体划入江西	阳新
武昌府南	明洪武	赣北鄱阳湖地区	补充式?	蒲圻
岳阳府	明洪武	赣北鄱阳湖地区	补充式	平江
长沙府	明洪武	赣北南昌府为主	重建式	醴陵
宝庆府	明洪武	赣中吉安府为主	补充式	新化、邵阳

9.1.3　赣方言楚化的理论基础

上节所述的移民史仍是一个非常粗线条的归纳,但可以明确的是:宋代和元末明初是改变楚地人口地理的两个关键期,即宋以前与今日关切不大,明以后跟现在相差不多,亦即谭先生所言之"自五代以至于明,六七百年间,是为'如此今日'之湖南构成时期"。当然,明清的改土归流也会对民族构成产生较大影响,但大的人口迁徙再未发生。

楚地古来非荒芜之所,移民势必带来种种族群互动,我们抽象表示如下:

表9-3　楚地历代移民互动简表

	先秦到五代的楚人	宋代江西移民	明代江西移民
宋代以前	楚人的形成	—	—
宋代	楚人与宋代江西移民互动,形成"新"楚人	—	
明代	"新"楚人与明代江西移民互动,形成今日之湖南及鄂东南人		

陈保亚(2005)以云南汉语跟傣语进行中的接触为实例,提出汉语方言形成的母语干扰模式和母语转换模式。我们将陈文中归纳的两种模式与人口对比及对话状态的关系摘录如表9-4(略有改动)。

表9-4　汉傣互动关系表

	傣多汉少	汉多傣少
傣族进入汉语对话状态	傣族汉语受傣语母语干扰	傣族汉语转换成汉语
汉族进入傣语对话状态	少数地方汉族傣语转换成傣语	汉族傣语受汉语母语干扰

这一理论模型虽然针对汉语和民族语,但其原理我们认为同样适用于汉语方言之间。不同的是,现代汉族和傣族的人口对比、形成对话状态的社会条件都是已知的、可观察的,而古代赣人与楚人的人口对比、社会条件却是未知的、难以观察的。我们只能揣测性地仿制出下表:

表9-5　赣楚互动关系表

	楚多赣少	赣多楚少	赣人重建
楚人进入赣方言对话状态	楚人赣方言受楚方言干扰	楚方言转换成赣方言	与赣地相同
赣人进入楚方言对话状态	赣方言转换成楚方言	赣人楚方言受赣方言干扰	（通城、蒲圻）

　　根据第四至七章的讨论，我们可以明确鄂东南的通城、蒲圻是赣方言昌靖片的直系分支，是原著人口大量散失后重建式移民的结果，赣方言洞绥片的情况可能与之相似。然而，其他鄂东南方言及湘方言（主要指老湘语娄底小片），我们已无法知晓其中赣、楚的具体关系，但也可以确认：

　　（1）从音类上看，鄂东南方言及湘方言没有超出主体赣方言的分合特点，或者说，没有比主体赣方言更古、只有比主体赣方言更新的音类分合；

　　（2）从音值上看，鄂东南方言及湘方言与主体赣方言相去甚远，这些音值差异往往成为新音类分合的诱因。

　　再辅以移民证据，我们认为，鄂东南方言及湘方言是受到古代楚方言强烈影响的赣方言，在此统称为"楚化赣方言"。

9.2　相关方言韵母汇总

　　为方便下文论述，我们先将相关方言的韵母汇总如表9-6、9-7，表格说明如下：

　　（1）由于各方言入声舒化时间有所不同，因而跨方言可比性不如阴声韵与阳声韵，且入声韵重要之点已在分述部分提及，故此处从略；

　　（2）表格以典型赣方言的音类为表头，各方言均与之对齐。此处的典型赣方言，虽然以昌靖片的南昌、高安等地为原型，但也反映了在上节认识的基础上对赣方言进行的抽象；

（3）方言点不仅包括鄂东南九县（市），还尽可能多地涵盖各老湘语点，而新湘语仅以长沙作为代表，最末附上我们认为属于非典型赣方言的吉茶片的永丰、泰和两点；

（4）表中读音皆取白读。表头韵母所设代表字，实为今音中古来源之略。如遇文读或未收此字，则以地位相近之字代之，表中不再一一注明；

（5）由于篇幅所限，uɔŋ、uaŋ等韵略去；

（6）方言点前附录舒声韵古全浊声母今读。

表9-6　相关方言韵母汇总表（上）

			∅							-i							-u			
			ɔ	cu	a	ua	ɛ	su	ku	ic	ui²	ai	uai	si	ki	ui	au	iɐu	ɛu	iu
			歌	锅	家	瓜	锯	苏	姑	该	会	街	快	西	机	龟	跤	浇	沟	九
A1	pʰ	高安	o	uo	a	ua	iɛ	u	u	oi	fai	ai	uai	i	i	ui	au	iɛu	iɛu	iu
B1	pʰ	通山	ø	ø	ɒ	uɒ	i	ɑu	u	ə	uæi	a	ua	æi	i	uæi	ɒu	iɛu	ɛu	iu
	pʰ	莲花	o	uo	a	ua	e	u	u	œ	uœ	ai	uai	i	i	uœ	ao	iao	œ	iu
	b	韶山	o	u	a	ua	ɛ	əu	u	ɛ	ui	a		i	i	ui	cɔ	icɔ	icɔ	io
C	pʰ	娄底①	ʊ	ʊ	o	o	e	əu	u	ue	ue	a	ua	i	i	iu	ɤ	tɤ	tɤ	iu
	b	双峰	ʊ	ʊ	o	o	a	əu	əu	ue		a	ua	i	i	iu	ɤ	iɤ	e	iu
	b	湘乡	ʊ	u	o	o	a	u	u	uai	uai	a	ua	i	i	iu	au	iau	ai	iɛi
	p	涟源②	ʊ	ʊ	o	o	y	au	u	e	ue	a	ua	i	i	iu	ə	iə	tə	tau
A2	bʱ	永修	o	uo	a	ua	ɛ	u	u	ai	fi	ai	uai	i	i	ui	au	iɛu	ɛu	iu
B2	pʰ	阳新	o	o	ɒ	uɒ	ɛ	ɑu	u	æ	uəi	æ	æ	əi	i	uəi	ɔ	ɜi	ɛ	iau
	pʰ	大冶	o	o	ɔ	cu	ɛ	uɒ	u	æ	iəi	æ	iɐ	i	i	iəi	ɔ	ɜi	ie	uai
	pʰ	咸安	ə	uɒ	ɒ	ɒu	ɒ	uɒ	u	fæ		æ	æ	o	i	uæ	o	ie	e	iɒu
	bʱ	新化	o	o	a	ua	i	əu	æ	vɤ		æ	uæ	i	i	uɤ	ɔ	iə	iə	iəi
	*③	衡山	o	u	ɑ	uɑ	æ	æu	u	æ	fei	æ	uæ	i	i	uei	ou	tou	e	tæi

			∅							-i							-u			
			ɔ	uɔ	a	ua	ɛ	su	ku	iɔ	ui	ai	uai	si	ki	ui	au	iɛu	ɛu	iu
			歌	锅	家	瓜	锯	苏	姑	该	会²	街	快	西	机	龟	跤	浇	沟	九
A3	bʰ	通城	o	uo	a	ua	ɛ	ou	u	ai	fi	ai	uai	i	i	ui	au	iau	iau	iou
	bʰ	蒲圻	o	o	a	ua	e	ou	u	ai	uei	ai	uai	i	i	uei	au	iau	iau	iou
	pʰ	嘉鱼	o	o	ɒ	uɒ	ɔ	ɔu	u		uei	ai	uai	i	i	uei	au	iei	ei	iɔu
B3	bʰ	崇阳	ø	ø	ɑ	uɑ	ɛ	əu	u	æ	fi	æ	uæ	i	i	ui	ɔ	iø	iø	iɛu
D	b	邵阳④	o	o	a	ua	y	u	u	ai	vei	ai	uai	i	i	uei	au	iau	mɛ	mei
	p	安化	o	o	a	ua	ai/ə	əu	u	ai	uai开会、uei不会	ai	uai	i	i	uei	ɔ	iɔ	iɔ	iɛu
	p	长沙	o	o	a	ua	ə	əu	u	ai	fei	ai	uai	i	i	uei	au	iau	əu	iɛu
	pʰ	监利	u	u	iɒ	uɒ	ʮ	ou	u	ai	uei	ai	uai	i	i	uei	au	iau	ou	iou

注：①②娄底、涟源，陈晖书中的ɷ，我们替换为ʊ。

③衡山中古全浊声母平送仄不送，故标*号。

④据鲍厚星（1989），邵阳"au动程幅度比北京话au韵母小，实际音值接近标准元音ɑo"。

表9-7　相关方言韵母汇总表（下）

			-n											-ŋ					
			ɔn	uɔn	an	iɛn	uan	iuan	ən	ən	in	un	iun	ɔŋ	iɔŋ	aŋ	iaŋ	uŋ	iuŋ
			肝	官	间	坚	关	捐	根	真	紧	棍	军	缸	姜	硬	颈	公	穷
A1	pʰ	高安	on	uɛn	an	iɛn	uan	ion	iɛn	tøn	in	uøn	tsøn	ɔŋ	iɔŋ	aŋ	iaŋ	uŋ	iuŋ
B1	pʰ	通山	œ	uœ	æ	iɛ	uæ	yɛ̃	ẽ	ɐn	in	uɐn	yɐn	oŋ	ioŋ	æ̃	æ̃i	uɐŋ	iɐŋ
	pʰ	莲花	õ	uã	ã	iɛ	uã	yẽ	ẽ	tʂə̃	ĩ	uẽ	yẽ	ɔ̃	iõ	ã	iã	ə̃	yŋ
	b	韶山①	ã	uẽ	ã	iẽ	uã	tuẽ	ən	tən	in	uən	tuan	aŋ光	iaŋ	ən	iaŋ	ən	in
C	pʰ	娄底	ue	ue	a	i	ua	tʂui	e	tʂen	tʂen	uen	tʂuen	oŋ	tʂoŋ	#o	#io	aŋ	tʰaŋ
	b	双峰	ua	ua	æ	ĩ	ua	tuĩ	æ̃	tien	iɛn	uan	tuan	ɔŋ	iɔŋ	ɒŋ	iɒŋ	an	iɛn
	b	湘乡	uã	uã	iã	ĩ	uã	tyĩ	iã	tʌn	ɔ	iʌn	tuʌn		iaŋ	õ	iõ	ʌn	in
	p	涟源	ue	ue	a	i	ua	kui	i	tʂen	tʂen	uən	kuən	oŋ	tʂoŋ	o	io	aŋ	tʂaŋ
A2	bʰ	永修	ɔn	uon	an	iɛn	uan	uen	iɛn	tʂɛn	in	un	kuin	ɔŋ	iɔŋ	aŋ	iaŋ	əŋ	iəŋ

续表

			-n											-ŋ					
			ɔn	uɔn	an	iɛn	uan	iuan	ɛn	ən	in	un	iun	ɔŋ	iɔŋ	aŋ	iaŋ	uŋ	iuŋ
			肝	官	间	坚	关	捐	根	真	紧	棍	军	缸	姜	硬	颈	公	穷
B2	pʰ	阳新	œ	uœ	æ	iɛ̃	uæ	yɛ̃	ua	ua	iɛi	uan	yɛn	ɔŋ	iɔŋ	ɔŋ	iɔŋ	ua	iai
	pʰ	大冶	ɛ̃	uɛ̃	æ	iɛ̃	uæ	yɛ̃	ɛ̃	ɛn	iɛn	un	yɛn	ɔŋ	iɔŋ	ɛ̃	iɛn	ən	iɛn
	pʰ	咸安	õ	uõ	ã	iɛ̃	uã	yɛ̃	ẽ	ən	iɛn	uən	yɛn	õ	iõ	ã	iũ	ən	iõ
	bʱ	新化	ã	õ	ã	iɛ̃	uã	yɛ̃	iɛ̃	tʂən	in	uən	yn	õ	yõ	õ	iõ	ən	yn
	*	衡山	uẽĩ	uẽĩ	æ	ĩ	uæ	tuẽĩ	ẽĩ	iɛn	tenₙ	uenₙ	tuenₙ	õ	tõ	#õ	#iæ	enₙ	tʰuenₙ
A3	bʱ	通城	œn	uœn	an	iɛn	uan	tsen	iɛn	ən	in	uən	tsən	ɔŋ	iɔŋ	aŋ	iaŋ	əŋ	in
	bʱ	蒲圻	ɛn	uɛn	an	iɛn	uan	yɛn	iɛn	ən	in	un	uŋ	œŋ	iœŋ	an	ian	ən	in
	pʰ	嘉鱼	an	uin	an	in	uan	yin	in	tʂən	iɛn	uən	yɛn	ᴋoŋ	ioŋ	an	ian	uən	iən
B3	bʱ	崇阳	ə	ua	æ	iɛ	uæ	kuɛ	ɛ	ten	in	uən	kuin	ua	iɛi	ua	iai	ən	in
D	b	邵阳	ã	uã	ã	iɛ̃	uã	yɛ̃	ẽ	tən	in	uən	yn	ã	iã	#ã	iã	uŋ	yŋ
	p	安化	an	uõ	an	iɛ̃	uan	yɛ̃	ɔ̃	tən	in	uən	yn	aŋ	iaŋ	ɔ̃	iaŋ	ən	in
	p	长沙	an	õ	an	iɛ̃	uan	yɛ̃	ən	ten	in	uən	yn	an	ian	ã	iã	oŋ	ioŋ
	pʰ	监利	an	un	an	in	uan	ɣuẽn	an	ən	in	un	ɣuən	ɔn	iɑn	in	iɑn	oŋ	ioŋ

注：①韶山，音系标为an，但作者（曾毓美1999）在音系说明中说，"an、uan、iɛn中的n尾不稳固，实际为ã、uã、iɛ̃。而ən、in、uən、aŋ、iaŋ、uaŋ中的n尾和ŋ尾比较稳固"，今取实际音值。

9.3　楚化的主要音系过程

9.3.1　CV再分析

楚化的第一步是音节结构再分析，即源语言用自己的音节结构尽可能地去匹配目标语言的音节结构。比如，英语单音节词text［tekst］到日语变为四音节词テキスト［tek(i)s(ɯ)to］，汉字词两音节词"先生"到日语变为四音节词せんせい［se.n.se.e］，这可分别看作是英语和汉语音节结构的"和化"。除语言结构原因之外,音节匹配还受到接触深度和习得程度的制约。比如一般认为,日语的拨音、拗音和拗长音都是日本大量引进汉字之后,为拼读汉字之便而产生的。可是云南彝族所说的汉语,至今无法发出鼻尾。

　　从赣方言到湘方言以至鄂东南诸方言,音节结构的简约化趋势非常明显,如果不考虑塞音韵尾,大体上有失落-i尾、失落-u尾和失落-n尾三种,其音理可用特征几何统一解释如图9-1。

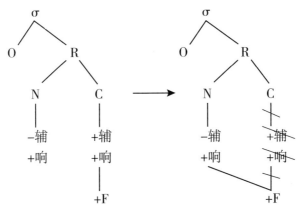

图9-1　CV再分析的音系学解释

　　当韵尾为-i尾、-u尾和-n尾时,特征F分别取[前]、[后]和[鼻音](为简化讨论,我们暂不考虑-n尾的[+前]特征)。音节结构由CVC变为CV,首先韵尾的根节点断开、时间格删除,同时[+前]、[+后]、[+鼻音]特征分别改连到主元音,而特征改连的结果直接受主元音级数制约。

　　之前我们已经论证,主体赣方言的主元音分ɔ、a、ɛ三个系列。越保守的点,主元音跟韵尾的组合限制越少,如奉新-u尾三个系列都能区分(豪肴有别),主体赣方言只能区分两个(豪肴合流)。反之,越创新的点,主元音跟韵尾的组合限制越多,如江西赣方言最北线的星子、永修、波阳等地,-i尾不能与ɔ元音组合(蟹摄一二等合流),而主体赣方言则是允许的(蟹摄一二等分立)。-n尾则一般都能区分三个系列。

既然江西向楚地的移民地分南北、时有先后,那么楚化必然要以源方言的音节组配条件(相当于历时上的音类分合)为基础,如表9-8所示。

表9-8　CV再分析的匹配过程

F取值	主元音级数	源方言类型	源音值举例	目标方言	目标音值举例
[前]	3	A1	ɔi–ai–i	B1、C	ə–a–i、ue–a–i
	2	A2、A3	ai–i	B2、B3	æ–i
[后]	2	A1、A2、A3	au–ɛu	B1、C、B2、B3	ɔ–ɛ
[鼻音]	3	A1、A2、A3	ɔn–an–ɛn	B1、C、B2、B3	õ–ã–ẽ

相关问题说明如下:

(1)源方言的ai失落-i尾后,目标方言音值有的有[+前]表现,如阳新、新化等地的æ,有的并无[+前]表现,如老湘语常见的a。但从音系上看,无论音值是否[+前],这些楚化后的方言均有前后a对立,即,æ、a的系统价值都是[+前]的。更有甚者,咸安经过二次单化,产生了æ–a–ɑ这种罕见的对立。

(2)ai失落-i尾造成的前后a对立是蟹假果摄吴楚式链移的基本动因,老湘语假摄升至o、果摄升至ʊ、继而模韵高顶出位,但绝大多数鄂东南方言假摄仅升至ɑ或ɒ,果摄除通山、崇阳外基本未动,模韵虽然都有高顶出位,但仅限端系,显非果摄挤压使然。可见,就楚化的"强度"而论,鄂东南地区从整体上低于老湘语区。

(3)鄂东南方言与老湘语在楚化过程中的另一个显著差异在于ɔ主元音的开合异动。老湘语的ɔi、ɔn楚化后均滋生出-u-介音(多见于见系声母),鄂东南方言则全无表现。ɔi–ai对立除通山外均无法区别,ɔn–an对立都能保持(嘉鱼限合口),ɔn楚化后主元音多向圆唇、非低方向发展,并未产生裂化。

(4)-i尾跟-u尾的失落有时并不同步,B1组的三个方言点最为明显。通山、韶山-i尾完全脱落,但-u仍有不同程度的保留:韶山记为-o尾,可能处于脱落进程中;通山则十分稳固,看不出有脱落的迹象。莲花韵尾脱落仅限于主元音稍高的ɔi、ui和uɜ,低主元音的ai、au并未脱落,这跟楚地诸方言有本质的不同,严格地说不应归为一类。

9.3.2　CVC重构——高顶出位与主元音低化

无论湘方言抑或鄂东南方言,现在的语音面貌都不完全是CV结构,都存在一些受限或不受限的CVC组配。这些CVC组配,我们认为是楚化之后的CVC重构,包括i、u韵母的高顶出位和-i、-u、-n、-ŋ尾韵母的主元音低化两个音系过程。

在4.4.5和5.4.3两节,我们已分别对高顶出位的相关韵类及声母条件进行了归纳,而在第四至七章我们也已对主元音低化进行了零星讨论,以下将相关讨论集中,简要列为表9-9。

表9-9　鄂东南东片方言的CVC重构

音类及例字 ＼ 方言点		西片（通城小片）				东片（大冶小片）			
		监利	通城	蒲圻	崇阳	嘉鱼	阳新	大冶	通山	咸安
i	西	i		i			ɜi	ɐi	æi	æ
u	苏	ou	ou	ou	nɐ	nɐ			uɐ	
ən	真	ən		ən			nɐ			ən
əŋ	公	oŋ	əŋ		nɐ		nɐ			əŋ

上表再次展现出鄂东南方言的东西分野(监利可归入西片):

(1)i元音的高顶出位只在东片发生(咸安是复化出位后再单化),u元音在东、西小片都发生高顶出位,但只在东片发生主元音低化;

(2)所有四个系列的主元音低化都只在东片发生,咸安的ən、əŋ,主元音在音值上并未低化,但咸安的-n、-ŋ尾均无-ɛ、ə或a的对立,跟西片存在ən-an、əŋ-ŋə对立完全不同,因此咸安的音值可能反映了东片的早期状态。

由于楚化最基本的音系过程是非高主元音的CVC音节变为CV音节,因此通过高顶出位与主元音低化重构低主元音CVC音节的音系过程,一定发生在楚化过程之后。较为罕见的情况是,在依次经过楚化、高顶出位、主元音低化三项过程之后,又再次经历了类似楚化的音系过程,比如跟通山æi韵对应的咸安æ韵。

CVC重构在老湘语亦有表现,但远不如鄂东南方言系统,如表9-10所示。

表9-10　老湘语的CVC重构

音类及例字 ＼ 方言点		韶山	娄底	双峰	湘乡①	涟源	新化
i	西	i	i	i	i	i	i
u	苏	əu	əu	əu	u	au	əu
ən	真	ən	en	iɛn	ʌn	en	ən
əŋ	公	ən	aŋ	an	ʌŋ	aŋ	ən

注:①湘乡音系中无ʌn、ɐn、an对立,阴影部分为楚化后重构出的低主元音CVC音节。

9.3.3　楚化中的元音构型匹配

上一章我们已论证,内元音的缺失是赣方言元音格局的基本特点,也是造成"弇侈同韵"的根源所在。而赣方言的楚化是在"弇侈同韵"之后的音类格局下进行的,即楚化赣方言仍然会保留楚化之前的元音格局。我们在5.4.2和6.4.3分别讨论了效流摄和山臻摄的"弇侈同韵",这里再集中列表如下:

表9-11　鄂东南方言的元音构型匹配

古音类 ＼ 方言点	监利	西片(通城小片)				东片(大冶小片)			
		通城	蒲圻	崇阳	嘉鱼	阳新	大冶	通山	咸安
宵萧韵	iau	iau		iø	iei	i	iɛ	iɐu	ie
侯韵	ou				ei	ɛ	ɛ	ɛu	e
咸山摄开口三四等	in	iɛn		iɛ	in	iɛ̃	iɛ̃	iɛ̃	iɛ̃
曾臻摄开口一等	ən			(i)ɛ	in	ɐn	ɛ̃	ɛ̃	ɛ̃

第十章　音节结构与汉语方言的分合

从鄂东南方言的内部差异,到湘赣方言的音系比较,我们分析了音节结构在区域方言分化和重组中所扮演的角色。这也使我们不禁思考,鄂东南及湘赣方言的演化模式可否推及其他方言,音节结构在汉语方言的分化与融合过程中,是否具有全局性意义? 下文拟就这些问题进行一些力所能及的探讨。

10.1　端木三(2008)对汉语音节结构的分析

端木三(2008)将汉语的音节结构分为轻、重两种类型:普通话两种兼有,但轻音节仅限于弱读,字音层面上均为重音节;上海话在字音层面上也仅有轻音节,如表10-1所示。

表10-1　汉语音节结构的共时分野

最大音节模板①	CVX	
音量	轻	重
音节节点	σ	σ
	∧	∧
声/韵	(O) R	(O) R
	| |	| ∧
时间格/摩拉	X M	X M M
音节结构	(C) V　(X=Ø)	(C) VX　(X=G/N)
典型方言	上海话	普通话

注:①原文为maximal syllable size。

端木先生对汉语音节的轻重之分,是建立在其CVX理论这一庞大理论背景之上的,即认为CVX结构具有跨语言的类型共性。具体到汉语,对我们启发最大的是端木先生对上海话的音系分析。上海话韵母的传统音系描写可以钱乃荣(1997)为代表,如表10-2(括号为新派所无)。

表10-2　上海话韵母的传统音系描写

z	i	u	y				ʔə	(iaʔ)	uəʔ	
a	ia	ua		ã	iã	uã				
ɔ	iɔ			(õ)	(iõ)	(uõ)				
ɤ	iɤ			ən	in	uən	yn	(əʔ)	iiʔ	(uəʔ)	yɪʔ
ɛ	(iɛ)	uɛ								
ø		(uø)	(yø)							
o	m	n	ɚ	oŋ	ioŋ		oʔ	(ioʔ)	

端木先生提出的最重要的两点改进意见是(第114—117页):

(1)由于[n]、[ŋ]和鼻化韵呈互补分布,故可认为底层只有一个并不指定发音部位的鼻音N,而[VN]又可处理为鼻化元音[Ṽ];

(2)[Vʔ]可处理为喉化元音(glottalized vowel)[Vˀ]。

再加上其他韵类的调整和合并:

(3)[ɤ]和[ə]呈互补分布,故可将两者合并为[ɤ];

(4)音系中无[e],故可将[ɛ]换成[e];

(5)[iɔ]可等同于[io],而[ɔ]已处于并入[o]的进程中;

(6)[ʔə,uɛʔ]可等同于[aʔ,uaʔ];

(7)[ɪ]只在[iiʔ]和[yɪʔ]中出现,且[ɪ]与[i]、[ɪ]与[y]均无对立,故可将[iiʔ]作[iʔ]、[yɪʔ]作[yiʔ]。

经过这些修正（如表10-3所示），上海话的字音完全成为了CV结构，即，从CVX的眼光来看，X取值为Ø，跟普通话X＝i、u、n、ŋ，以及粤方言X＝i、u、y、m、n、ŋ、p、t、k形成了鲜明对比。

表10-3　修正的新派上海话韵母表

z	i	u	y						
a	ja	wa		ã	jã	wã	aʔ		waʔ
o	jo			õ	jõ		oʔ		
ɤ	jɤ			ɤ̃	ĩ	uɤ̃	ỹ	iʔ	ɕiʔ
e		we							
ø	ɔ	ɚ		m	n				

10.2　音节结构历史演变的两条基本假设

虽然端木三（2008）的讨论基本是在共时平面进行，但却为我们观察汉语音节结构的历史演变打开了思路。在进入下一步讨论之前，我们有必要确认音节结构历史演变的两条基本假设，即音节结构类型的标记性与音节结构演变的方向性。

10.2.1　标记性

在所有的音节结构类型中，CV是最不标记的一类，这一观点从布拉格学派到优选论都多有讨论。最晚出的优选论以四条制约律（constraints）来管控音节结构，如表10-4（摘译自Kager 1999：92—97）。

表10-4 优选论提出的音节结构基本制约律

	蕴涵共性	制约律名	制约律形式表达	制约律内涵
首音	无首音音节⊃有首音音节	Onset	$*[_\sigma V$	音节应有首音
尾音	闭音节⊃开音节	No-Coda	$*C]_\sigma$	音节应无尾音
复杂首音	复杂首音⊃简单首音	*Complex^Ons	$*[_\sigma CC$	首音应简单
复杂尾音	复杂尾音⊃简单尾音	*Complex^Cod	$*CC]_\sigma$	尾音应简单

实际上,用Onset跟No-Coda两条制约律就足以推导出,在V、CV、VC、CVC四种最基本的音节结构中,CV是最"好"的音节结构,如表10-5。

表10-5 优选论对CV最佳的推导

音节结构	Onset	No-Coda
CV	√	√
CVC	√	X
V	X	√
VC	X	X

CV型音节结构在跨语言分布中最为常见;CV型音节结构儿童最早习得,成人失语症最晚消失,这些布拉格学派的早期观念已获得越来越多的实证。据Belvins(1995:217)提供的材料:

(1)一种叫Hua的语言只允许一种音节结构,即CV结构;

(2)如果一种语言音节结构数大于等于2,其中必有一种为CV结构。

根据Levelt et al(1999)对荷兰语母语习得进行的研究,CV结构确是最早获得的音节结构,如图10-1所示。

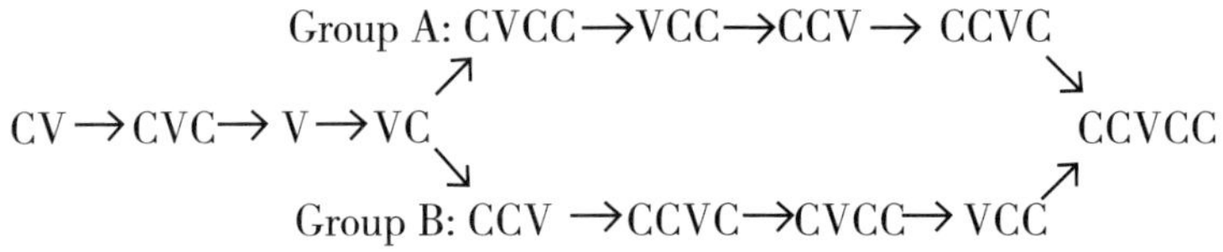

Group A: CVCC→VCC→CCV→ CCVC

CV→CVC→ V →VC

Group B: CCV →CCVC→CVCC→ VCC

CCVCC

图10-1　荷兰语音节结构的习得次序

10.2.2　方向性

　　共时分布或微观习得所显示出的标记性,暗示了历史演变或宏观习得中的方向性,即由有标到无标、由高标向低标的演变方向。当然,这并不是说,所有语言的音节结构都会由高标的非CV结构变为低标的CV结构,而是说,无论是传统的演变模式,还是新兴的习得模式,非CV结构变为CV结构都更为一般、更为常见,反之则更为特殊、更为罕见。

　　传统的演变模式在解释历史音变时存在内在的不平衡性,即假设特征或音段脱落易、滋生难,这一理念本身就体现了音变的方向性。在同质语言观的指导下,子语的语音差异被汇总到原始语,加剧了原始语构拟中的复杂性。演变模式将音节简化的原因归结为"省力原则",可是为何此方言好省力、彼方言拒省力,很难直接用音理来解释。

　　接触习得模式同样相信"省力原则",可是它更加关注的是,省力的主体是谁,省力的动因为何,因此两种模式对音变的解释方向可以是完全相反的,以鼻化为例,如表10-6。

表10-6　两种模式下鼻化音变的解释

演变模式	同质语言	鼻尾(CVC)	>	鼻化元音(CV~)	>	非鼻化元音(CV)
习得模式	强势语言	鼻尾(CVC)	=	鼻尾(CVC)	=	鼻尾(CVC)
	弱势语言	非鼻化元音(CV)	>	鼻化元音(CV~)	>	鼻尾(CVC)

同质的演变模式下,鼻尾由于发音人的省力要求逐渐脱落,音节结构由CVC型转变为CV型。可是异质的习得模式下,由于政治、经济或文化上的权势关系,CV结构的弱势语言不断尝试学习、逼近CVC结构的强势语言。第一步是浅表性习得,主元音由非鼻化变为鼻化,此时音节结构仍为CV型。进一步则是深度习得,弱势语言最终获得了鼻尾,这从表面上看是一个低标向高标发展的事件,但往往存在语言内部或语言外部的特殊条件。在汉语方言中,鼻尾的重新获得最常见的是通过叠置来实现,而并非单一层次的音变,我们将在10.4中具体说明。

10.3　音节结构与汉语方言的分化

10.3.1　权威方言阴阳入三分的基本结构格局

汉语语音史研究虽然已由"单点、单线"走向"多点、多线",但汉语发展的历史趋向决定了语音史仍须以权威方言为主线。从空间上看,权威方言发诸河而止于江。《诗经》大致反映以关中平原为中心的黄河中游方言;《切韵》基本为金陵—邺下读书音的叠合,南北分歧开始显现;元曲则有"北叶《中原》、南遵《洪武》"之说,客观上反映了元明时代,口语权威方言南北两分的事实。从音节结构来看,汉语权威方言语音发展史有以下三点基本共识:

（1）从上古、中古到近代,阴阳界限绝对清晰;

（2）从中古到近代,南方权威方言保持了阴阳入三分的结构格局,北方权威方言发展为阴阳两分的结构格局;

（3）从中古到近代,无论南方抑或北方权威方言,阴声韵内部无尾、-i尾、-u尾三分,无尾韵至少保持三项、-i尾和-u尾韵至少保持两项主元音对立;阳声韵内部-m、-n、-ŋ尾三分,-n尾韵至少保持三项、-m尾和-ŋ尾韵至少保持两项主元音对立。

一言以蔽之,汉语上古、中古、近现代权威方言都是相当稳固的CVC结构,以鼻尾最为显著。

10.3.2　音节稳固型方言与音节简约型方言

我们在8.1从共时分布和历史深度两方面,论证了赣方言音节结构属CVC型。粤方言的韵尾及主元音对立整体上比赣方言更多、更全,且内部分歧比赣方言更小,一向被视为最接近《切韵》的汉语方言。官话方言存在较大的南北分歧,-i尾和-u尾都有区域性的简化表现(如山东、江淮等地),但其主体的阴阳对立仍然相当稳固。除了新近形成的云南方言之外,官话的广阔地域我们较少发现阴阳相混的报道。因此,官话、赣方言、粤方言均可归入音节稳固型方言,基本符合权威方言音节结构演变的三点共识。

音节结构对《切韵》音系的继承度,是判断某方言是否属于音节稳固型方言的直接依据。除此以外,韵尾之间的蕴涵关系也能作为一个重要参照。项梦冰(2007)绘制的-m尾同言线,我们认为是音节结构是否存古的重要表征,即-m尾存古蕴涵音节结构存古。我们在项文全国48点方言"南"字读音表的基础上,添加"茶、排、饱、楼"四字韵母及鼻尾、塞尾个数,列如表10-7(斜线前白后文;各点材料来源尽量与项文一致,或有细微出入,不影响本节论证)。

表10–7　-m尾跟其他韵尾关联表

方言区	方言点	南字今读	鼻尾个数	塞尾个数	茶字韵母	排字韵母	饱字韵母	楼字韵母
官话	北京	nan	2	0	a	ai	au	ou
	天津	nan	2	0	a	ai	au	ou
	石家庄	nan	2	0	a	ai	au	ou
	太原	næ̃	1	1	a	ai	au	əu
	呼和浩特	nã	1	1	a	ai	ɔ	əu
	沈阳	nan	2	0	a	ai	au	ou
	长春	nan	2	0	a	ai	au	ou

方言区	方言点	南字今读	鼻尾个数	塞尾个数	茶字韵母	排字韵母	饱字韵母	楼字韵母
官话	哈尔滨	nan	2	0	a	ai	au	ou
	南京	laŋ	1	1	ɑ	ae	ɔɔ	əɯ
	合肥①	læ̃	2	1	a	E	ɔ	ɯ
	济南	næ̃	1	0	a	ɛ	ɔ	ou
	郑州	nan	2	0	a	ai	au	ou
	武汉	nan	2	0	a	ai	au	ou
	重庆	nan	2	0	a	ai	au	ou
	成都	nan	2	0	a	ai	au	əu
	贵阳	lan	2	0	a	ai	au	ou
	昆明	nÃ	1	0	a	æ	ɔ	əu
	西安	næ̃	1	0	a	æ	au	ou
	兰州	lɛ̃	0	0	a	ɛ	ɔ	əu
	西宁	nã	0	0	a	ɛ	ɔ	ɯ
	银川	nan	2	0	a	ɛ	ɔ	əu
	乌鲁木齐	nan	2	0	a	ai	ɔ	ɤu
	扬州②	liæ̃	2	1	a	ɛ	ɔ	ɤɯ
吴方言	上海	ne	1	1	o	ɑ	ɔ	ɤ
	杭州	nɛ̃	2	1	ɑ	ɛ	ɔ	ei
	苏州③	nø	2	1	o	ɒ	æ	ɤ
	温州	nø	1	0	o	a	uɔ	au
湘方言	长沙	lan	1	0	a	ai	au	əu
	双峰④	læ̃	2	0	o	a	ɤ	e
	溆浦⑤	lɛ̃	1	0	ɒ	a	ɑʌ	ei/ɤɯ
赣方言	南昌	lan	2	2	a	ai	au	ɛu
	宜春	lan	2	1	a	ai	au	əu
	抚州	nam	3	3	a	ai	au	ɛu
客家话	梅县	nam	3	3	a	ai	au	ɛu
	连城	naŋ	1	1	u	uə	uə	ie
	于都	nã	1	1	a	æ	ɔ	ɯ
粤方言	广州	nam	3	3	a	ai	au	ɐu
	南宁	nam	3	3	a	ai	au	ɐu

续表

方言区	方言点	南字今读	鼻尾个数	塞尾个数	茶字韵母	排字韵母	饱字韵母	楼字韵母
粤方言	香港	nam	3	3	a	ai	au	ɐu
	澳门	lam	3	3	a	ai	au	ɐu
	阳江	nam	3	3	a	ai	au	ɐu
	梧州	nam	3	3	a	ai	au	ɐu
闽方言	福州	naŋ	1	1	a	ɛ/ai	a/au	uɔ/uɑ
	海口	nam	3	3	ɛ	ai	a	ɑu
	台北	lam	3	4	e/a	ai	a/au	au/ɔ
	厦门	lam	3	4	e/a	ai	a/au	au/ɔ
	潮州	lam	2	3	e	ai	a	au
	建瓯	naŋ	1	0	a	ai	au	e

注：①合肥臻曾梗合流,收-n尾,为ən、in、uən、yn系列；-ŋ尾仅 əŋ、iŋ系列,系通摄失落合口所致,因此可以认为早期只有一个鼻尾。

②扬州侯韵读ɤɯ,处于简化过程中。《汉语方音字汇》附注云,复元音韵母ɤɯ、iɤɯ发音时动程小,韵尾元音舌位偏低,有单元音意味。又云,鼻尾韵ən组发音部位不一致,开合韵偏前,为n;齐撮韵偏后,为ŋ：ən、iŋ、uən、yŋ。据此底层鼻尾可统一为ŋ。

③苏州,附注云,鼻尾韵ən、in、uən、yn韵尾发音部位不稳定,有人偏后读作-ŋ。据此底层鼻尾亦可统一为ŋ。

④双峰鼻尾韵,an、iɛn、uan、yɛn与ɒŋ、iɒŋ两系列主元音无对立,鼻尾音位亦可归一。

⑤溆浦,音系说明云,二合元音[ɑʌ、ei、ɯɤ]的实际发音接近单元音。

表中保守赣方言、粤北客家话和粤方言"南"字均为-m尾,同时"排、饱、楼"字也均有-i、-u尾,鼻尾、塞尾个数均为3个;吴方言、老湘语"南"字鼻化或转入阴声,则"排、饱、楼"字也均无-i、-u尾(或者经历音系重构、再生-i、-u尾),鼻尾个数不超过两个。这样我们可以初步认为:

如果一种方言的现代-m尾能跟中古-m尾对应,那么该方言现代-i、-u尾也能跟中古-i、-u尾对应,且鼻音韵尾多为-m、-n、-ŋ三分。

既然上古到近现代的汉语权威方言都是相当稳固的CVC结构,那么现代方言或历史方言,无论音类如何存古,只要音值偏离CVC结构,都是晚近的、方言自身的发展。从这个意义上讲,苏州话咸山摄演变比北京话新(肝₋kø之于₋kan),闽南方言鼻化韵比文读的鼻尾韵新(肝₋kũã之于₋kan),宋西北方音的"宕果合流"也比宋代通语甚至现代太原话新。

在演变模式下,这类由多变少、从有变无的音节结构调整被归为创新;然而从习得模式出发,简约型的音节结构所体现的恰恰不是源语言的创新,而是源语言在匹配目标语言时的保守和滞后。亦即,在习得模式下,音变的创新与保守是相对的,是语言态度在语言结构上的反映。

另一方面,汉语存在音值与音类的区分,两者演进中的不平衡性在简约型方言表现得尤为突出。有时音值高度创新的方言,音类却极端存古;有时音值演化方向趋同的方言,音类却互有参差。以下我们就从类型标准、节点判定和地理分布三方面对这些问题加以讨论。

10.3.3　简约的类型标准

何谓音节结构简约,我们须要明确定义:

(1)阴阳界限相混。阴、阳、入三大韵类,入声韵辖字最少,在演变上也一向接近阴声韵,这一点文献、方言材料中都很常见,如上古的阴入通押,又如闽南方言喉塞尾入声韵-ʔ与阴声韵通押。入声韵与阳声韵也有一定关联,比如通城即有系统出现的鼻塞入声韵尾,又如"木"字在黄孝片方言多读为₋moŋ(此类乃受鼻音声母影响而生),但二者的历史联系显然远远不及入声韵与阴声韵。

阴、阳两大韵类,辖字都远远超过入声韵,阴阳大界一开,不仅字音层面的互懂度会受到极大影响,还会影响到韵律层面的连读变调,是改变音系面貌的重大事件,因此也是音节结构简约性最为重要的表征。

阴阳相混对鼻化的时间深度有严格要求。除粤方言外,鼻化韵遍及官话、晋、吴、徽、湘、闽、客家以及赣方言等大方言,但其性质却不尽相同。胶辽、冀鲁、兰银等官话方言,鼻化韵仍为阳声韵,我们尚未发现有去鼻化现象;而晋、吴、徽、湘、闽南等方言,鼻化韵表现接近阴声韵,去鼻化十分常见。赣方言的主体,如前所述,是稳固的CVC结构,但其周边、靠近或深入楚地的赣方言,鼻化甚至去鼻化也较为多见。

因此,能否找到去鼻化是判断鼻化时间深度,从而判定是否为简约型方言的一大关键。鄂东南东片方言之中,崇阳城关(慢=卖mæ²)、阳新大王殿(田=铁tʰiɛ、团tʰɵ—脱tʰo、邓tʰɛ—特tʰæ,均不计声调)等地都存在明显的去鼻化;老湘语娄底小片去鼻化则更为常见,据此即可初步判断为简约型方言。

(2)阴声韵内部,无尾韵、-i尾韵、-u尾韵界限相混。低主元音的ai、au发生简化,韵尾特征前移,变为ɛ/æ、ɔ类韵母,这一列音变最为重要的后果,就是"挤压"了原有的低元音a、ɔ,特别是定位元音a,推动了元音系统的链变。

我们同样用习得模式解释这一系列音变。音节简约的古代方言(很可能无-i、-u尾)跟音节稳固地历代权威方言(有-i、-u尾)接触,在习得过程中不断向权威方言逼近。在整个阴声韵系统中,由于类型学中a是最无标记的元音,我们有理由相信源方言(音节简约性方言)与目标方言(音节稳固型方言)均有a元音,因此在接触的初期,假二能够顺利匹配。但简约型方言必须分别用偏前的单元音ɛ或æ和偏后的单元音ɔ或ɒ去匹配稳固型方言的复元音ai和au。这样,非高元音对立级数(或维度)增多,ɛ或æ与a元音呈前后对立,a元音又与ɔ或ɒ呈现前后对立,在缺乏韵尾约束的条件下,这些非高元音的摆动效应增强,造成链式音变。

其后果就是,稳定型方言阴声韵的无尾、-i尾、-u尾三大韵类匹配到简约型方言之后,通过定位元音a的介导,彼此发生了混并,或有蟹二占a位者(吴楚方言多见),或有效摄占a位者(如苏州),效假合流亦有之(如大冶),造成互懂度的严重降低。我们将(1)和(2)的主要思路列为表10-8。

表10-8　音节结构简约化及后续自身链变模式图

原始值	目标值	匹配值	后续自身演变
简约型方言	历代权威方言	早期简约化方言	晚近简约化方言
? 古代方言	a	a	>ɑ>ɒ>ɔ>o
	ai	ɛ、æ	>a>ɒ
	ɔi	ɤ、ue	
	au	ɔ	>æ
	əu、ue	ʏ、e	
	aN	ã	>a
	an	Ẽ	>E
	ɔn	õ、uã	>ø、ua

（3）内外反转。关于内外转，我们遵从罗常培（1933/2004：131）的主要元音高低说，暂不作等韵学上的深究。前文9.3.2所论述的CVC音节重构，实际上是内外反转的表现。外转韵摄来源的ai、au、an、aŋ等韵母，在习得过程中失去韵尾，转入阴声韵。但高低元音在匹配过程中存在不平衡性，如张琨（1983）所概括的汉语方言鼻音韵尾失落规律：

> 最保存的一组韵母是后高（圆唇）元音后附舌根鼻音韵尾（*oŋ），其次是前高（不圆唇）元音后附舌根鼻音韵尾（*eŋ），最前进的一组是低元音后附舌头鼻音韵尾（*a/ɑn）。

低主元音韵母经过失落韵尾的音系过程之后，逐渐进入（无韵尾）阴声韵序列，自然状态下很难回头演变，因此留下了系统空位。这时内转来源的ei、əu（来自遇摄的复化）、ən、əŋ（来自通摄的合口变开口）韵母，主元音会缓慢低化，从而重构出ai、au、an、aŋ韵母，造成内外反转。此时，显然低主元音失落韵尾这一音系过程已不再起作用。

　　内外反转的产生条件蕴涵了音节结构的简约性,从我们已知的鄂东南方言、老湘语以及闽南方言(白读)的情况来看,这些存在内外反转的方言,音节结构都呈现简约性。罗杰瑞(Norman 1981)在构拟原始闽方言韵母时发现,其*ə类主元音韵母在闽南方言中平行地低化为a类,而其他闽方言却不甚明显,如表10-9(例字仅限厦门,为笔者所增)。我们认为,闽南方言的低化过程跟鄂东南方言的形成条件类似,都是内外反转的体现。

表10-9　罗杰瑞构拟的原始闽方言*ə主元音韵母

原始韵母	*iə	*uə	*əm	*ən	*əŋ
福安	ai	au	am	ɛn	oŋ–œŋ
福州	ai	au	aŋ	eiŋ	øiŋ–oiŋ
建瓯	ɛ	e	aŋ	aiŋ	oŋ
厦门	ai	au	am	an	aŋ
例字	使	狗九	含饮	陈闽	东蜂
上古韵部	之部	侯幽部	侵部	真文部	东部

10.3.4　简约的节点判定

　　音节结构的稳固抑或简约,都是类型学标准而非历史标准,所得出的方言分组,只能反映各方言音节类型的发展阶段,并不能直接反映方言之间的历史关系,这是我们施用类型学标准来研究语音史的一个基本认知。鄂东南方言以及湘赣两大方言,从整体上看历史时层相当,这也是我们能将音节结构标准付诸实践的先决条件。

　　然而,如果不同方言,一方面音节结构或音系格局存在类型学上的相似,另一方面历史来源或字音归派又存在系统性的错位,这就成为我们观察方言分化节点、形成波次以及跟音变中心的时空距离等历史问题的绝佳窗口。

　　第四章我们曾对鄂东南方言及湘方言前a、后ɑ两类韵母舒入两个来源进行了比较,得出的结论是,虽然鄂东南东片方言蟹、假、果摄呈现类似老湘语的链变,但只有通山一点跟老湘语分化节点最为接近,加上崇阳与咸宁、大冶与阳新两种类型,鄂东南方言东片方言的前a、后ɑ两类韵母存在3种不同类型的历史来源。

　　这里我们就在前文论述的基础上,对这两类韵母的历史来源类型加以推广:舒声以蟹摄一二等是否有别为据,分A、B两类;入声以咸山摄及梗摄入声归并方向为据,分I至IV四类（入声保留塞尾者统一作为第V类）。二者若以乘法相连,则理论上共有8种组合,如表10-10所示,相关方言中实际发现的情况列为表10-11（蟹一补入泰韵备考）。

表10-10　前a、后ɑ舒入来源类型推广

	蟹一	蟹二及泰韵			蟹二	咸山摄入声二等	梗摄入声	假二
A	其他	前a类		I	前a类		后ɑ类	
B	前a类		*	II	前a类	后ɑ类	前a类	后ɑ类
				III	前a类			后ɑ类
				IV	前a类	后ɑ类		
				V	前a类	保留塞尾	保留塞尾	后ɑ类

表10-11　其他相关方言蟹假摄及咸山梗摄入声今读

类型	方言点	蟹一	蟹二	咸山入声二等	梗摄入声	假二
AII	黟县	uɐn（泰ɑ）	a	ɔ:ʊ	a	ɔ:ʊ
AV	绩溪	a（泰ɔ）	ɔ	ɔʔ		o
AV	苏州	ɛ（泰ɒ）	ɒ	aʔ（ɒʔ押压）	ɒʔ（aʔ隔窄）	o
BV	南通	a		ɑʔ	oʔ仅帮组（eʔ嘎）	o

北部吴方言(如苏州属AV类)、部分通泰方言(如南通属BV类)和部分徽方言(如绩溪也属AV类),蟹二跟假二同样呈前a、后ɑ的对立,但其咸山摄及梗摄入声并未舒化,无法直接跟蟹二或假二建立演变关系上的平行性,显然跟I至IV类不在同一分化节点。

老湘语入声全部舒化,表现属AI类,且内部十分一致,可以双峰为代表。徽方言内部差异较大,其中黟县也如双峰一般入声舒化,咸山摄、梗摄入声亦不相混,然而其归并方向却跟双峰截然相反:咸山摄读如假二,梗摄音同蟹二,属AII类。再加上崇阳的BI、阳新的BIV两类,我们找出了前a、后ɑ舒入来源8种理论组合中的4种。

这些"类型接近、历史错位"的方言向我们表明,音类的音系格局与音类的辖字范围大异其趣:辖字范围处于历时层面,反映源方言的字音分合,是源方言地理来源和时间层次的判断依据;音系格局则处于共时层面,体现目标方言的语音构型,是目标方言所在地域发音特点的重要表征。由于源方言音类所辖所有字音都要参与匹配进程,其字音分合,亦即分化节点信息也会保留在新形成的方言中。

同时也向我们暗示,简约型方言并非一次形成,而是历经不同波次产生。音类较为存古的方言,如蟹摄一二等及哈泰韵均有区分的双峰、苏州等地,其形成波次更早,离音变中心的时空距离更近,属"原发性"简约;音类较为创新的方言,如蟹摄不分一二等的阳新、南通等地,其形成波次更晚,离音变中心的时空距离更远,属"继发性"简约。

10.3.5　简约的时空分布

那么简约化音变究竟作用于何地,时间深度几何?限于我们的能力,这里只能做些试探性的讨论。

我们认为,汉语大方言的音节结构类型呈现镜像分布。长城以内的18省,沿中轴线分布的官话、赣、粤一系方言为音节稳固型方言；中轴线的东西两侧的吴楚、闽蜀方言为音节简约型方言，如表10-12所示。

表10-12　汉语方言音节结构类型的镜像分布

地理方位	西南	西	中	东	东南
文化分区	蜀（明以前）	楚	官话、赣、粤	吴	闽
音节结构	简约？	简约	稳固	简约	简约

吴楚关系前人研究已较为深入，前文也有多处提及，其音节结构的相似性和简约性都有较为坚实的研究基础。惟闽蜀一致，在音节结构上的契合点仅"歌豪通押"一项，缺乏系统性，但仍可作为一个思路列出。

刘晓南（2008）指出，在闽方音与四川方音高度相似的10条特征中，"歌豪通押意义重大，宋代仅见于闽、蜀两地，且数量颇多，韵字分布大致相同，此事绝非而然"。我们认为，歌豪通押的实质在于音节结构，试还原"呼高为歌"的会话状态：

表10-13　"呼高为歌"会话状态示意

闻者 言者	宋代通语	宋代闽方言
宋代通语	①通"高"ou≠通"歌"ɔ	②通"高"ɔ≈通"歌"ɔ
宋代闽方言	④闽"高"=通"歌"	③闽"高"ɔ=闽"歌"ɔ

这就好比现在有些台湾人发不出ue韵母，他讲国语时，就会将"沟"匹配为ᵏɔ，混入模韵（姑ᵏɔ）。同理，如果宋代闽人也无法发出ue类韵母，在习得时就很有可能将其单化为ɔ或o。豪韵在中古即为ɑu类韵母，主元音较肴韵为高、为后，较侯韵亦为后，如"高"字广州为ᵏᵤəu、黎川为ᵏou、奉新为ᵏɒu，皆与肴韵、侯韵不同，如表10-14所示（代表字取见系，斜线前白后文）。

表10-14 歌、豪、肴、侯、宵、模五韵音值对照表

韵部 \ 方言点	高安	奉新	黎川	漳州	泉州	广州
歌	o	o	o	ua/o	o、ɔ/ua	ɔ
高（豪）	ou	ɒu	ou	o	ɔ、o	əu
孝（肴）	au	ʌu	au	a/au	a/au	au
沟（侯）	iɛu	iʌu	ɛu	au/ɔ	au/io	ɐu
桥（宵）	iɛu	iʌu	iau	io/iau	io/iau	iu
古（模）	u	u	u	ɔ	ɔ	u

第一步，宋代通语高ou≠歌o，但由于闽方言无əu类韵母，而"高"又显系文读（白读曰"悬"），闽人在习得通语"高"时，就会将其"闽化"为单元音o，接近通语的"歌"（第二步）；进入第三步，通语的"歌"被借入闽方言成为文读（试比较闽南方言"歌"的白读kua），造成歌豪合韵；第四步，由于闽方言的"歌"能较好地匹配通语，这样在通语者听来，就会觉得闽人呼通语之"高"为通语之"歌"。

之前提到的侯韵文读，如"沟"字文读漳州、厦门为ɔ，跟歌豪合韵的产生机制类似，可称为"模侯合韵"。泉州"沟"字文读为io，可知其与漳州来源不同。其主元音o，完全不具备滋生-i-介音的条件，因此-i-介音在源方言即已存在。之前我们已证，内元音的缺失是赣方言内转一等韵滋生-i-介音的根源，侯韵-i-介音的滋生又造成与效摄三四等萧宵同韵的局面。因此泉州侯韵的文读io可能是赣方言滋生-i-介音后产生的iɛu、iʌu进一步闽化的结果。

10.4 音节结构与汉语方言的融合

10.4.1 徐通锵的阴阳对转新论

通过对音节结构与方言分化之间关系的探讨，我们隐约感到，从《切韵》

的音节结构出发,汉语方言演变存在两个大的方向:其一是音节在组合关系上保持稳定,在聚合关系上发生调整,主要包括主元音(如三四等、一二等)和韵尾(如曾臻摄)的合并,以官话、赣、粤方言为代表的音节稳固型方言属于此类;其二是音节首先在组合关系上发生调整,主要包括各类韵尾的失落,其后诱发聚合关系上的归并,以吴、楚方言为代表的音节简约型方言归入此类。

这两大演变方向背道而驰,在自然状态下,两组方言只会越走越远,然而实际情况绝非如此。就我们所研究的老湘语和鄂东南东片方言,其简约性都是音系分析的结果,实际读音无一点为纯粹的CV结构。以简约著称的北部吴方言,通摄鼻尾绝不失落,曾臻摄及梗摄文读鼻尾一般也不失落。更有甚者,闽南方言咸山摄白读为鼻化,文读为鼻尾,简约型与稳固型音节结构叠置于同一音系之中。

徐通锵早在1996年发表的《"阴阳对转"新论》中,就对这类问题进行过讨论。他在孔广森"转阴转阳、五方之殊音"观念的基础上,最早提出应用叠置式音变而非连续式或离散式音变理论来解释阴阳对转问题。徐先生指出:

(1)"阴阳对转"的"转"应该也属于(方言性质),指阳声韵因韵尾的消失而变成阴声韵,从而和有关的阴声韵发生纠缠;或者反过来,阴声韵因产生鼻韵尾而变成阳声韵,形成"阴"与"阳"的相互转化。

(2)(前人研究)为什么只能解释阳声韵的阴声化,而无法解释阴声韵的阳声化? 主要的原因就是只考虑语言在时间上的自我演变,而没有考虑方言间的空间竞争,把演变中的"五方之殊音"的不同系统(空间)的竞争纳入到不同历史时期(时间)的变化中去研究……

(3)(阴声韵转为阳声韵的情况)光靠系统的自我调整和自我演变(连续式音变和离散式音变),那是没有这种能力的……只能寻求其他方言的支持,产生文白异读,用叠置式音变的"竞争"方式来实现阴声韵向阳声韵的转化。(如山西闻喜话:)

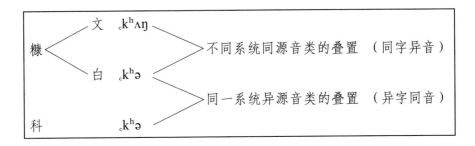

这是我们所见,从音节结构层面讨论汉语方言融合的最早论述。不仅如此,徐先生还指出:

（4）连续式音变造成语言的分化和歧异,而叠置式音变造成方言的接近和靠拢;方言本身的变化越大,与其他方言的差异越大,通过文白异读的叠置式音变使其保持和其他方言的相对接近性就越重要。闽方言为此提供了重要的、有说服力的例证。在汉语的演变中,这两种音变方式互相制约,相辅相成,使歧异的汉语方言始终保持着统一的结构格局。所以,连续式音变和叠置式音变的交替和竞争是汉语语音演变的一种重要机制。"阴阳对转"在汉语语音的演变中为什么会具有特殊的地位和作用? 就是由于在这种"对转"的"对"中隐含着连续式音变和叠置式音变的交替和竞争,隐含着语言的分化和汇合的辩证统一,隐含着汉语语音演变的重要的内在机制。

徐先生提及闽方言但未展开论证,以下我们尝试以自己的研究对此加以补充。

10.4.2 闽南方言的an-ã对立

除晋方言外,闽方言同样存在音节结构层面的叠置,李佳（2009）就曾对闽南方言共时音系的an-ã并存,以及历史音系先后两次的曾臻合流进行过讨论。

闽南方言有韵母超过80个,其中鼻化、喉塞尾（-ʔ）与鼻尾（-m、-n、-ŋ）、塞尾(-p、-t、-k)两套韵尾的分立,吴瑞文、林英津(2007)已有详细讨论。更为特别的是,闽南方言存在同主元音情况下,两套韵尾并行不悖的现象。以泉州话为例,同主元音鼻化韵与鼻尾韵计ã、am、an、aŋ与ĩ、im、in、iŋ两组(iŋ可在音系上处理为in;泉、漳、厦三地,仅ĩ韵出入较大,其他辖字基本吻合)。

依照汉语语音史和语言类型学的共识,系统性的鼻化来源于鼻尾脱落时的特征残存,亦即,在汉语方音演变路径上,鼻化韵为高标记,鼻尾韵为低标记。按此推理,闽南方言ã韵之形成,当早于am、an、aŋ诸韵。但后三者却不尽属文读层,相反an、aŋ二韵有大量辖字在白读层,以泉州话an韵为例,如表10-15所示(材料来自林连通1993,略去声调;"\"表示该地位无字,"×"表示该地位无此读音;韵目举平以赅上去,后同)。

表10-15　泉州话an韵来源表

韵目 声母	咸	凡	寒桓	山删	仙	先	真	登	青
p组	\	<u>范</u>	漫	扳班	万	×	<u>闽南</u>	×	<u>瓶仔</u>
t组	\	\	单	\	\	×	<u>陈姓</u>	<u>等一下</u>	<u>亭仔</u>
ts组	站队	\	珊瑚	<u>山删</u>	×	×	×	<u>曾姓</u>	×
k组	×	\	<u>岸</u>	<u>眼颜</u>	<u>谚</u>	牵牛	×	<u>恒紧也</u>	×

注:除唇音外韵皆开口,谈韵俗字"喊"、先韵俗字"田"未列,清韵有"蛏"字亦未列。"肾"有白读sian。

泉州话an韵文读多来自山摄,其性质与闻喜话ʌŋ韵母的获得类似,都系统地保存了鼻音韵尾,是最晚进入的一层;而山摄白读,于开齐合撮四呼(如"肝、线、官、泉")皆失鼻尾,形成鼻化韵ã,其与an韵一早一晚,相安无事。

但跟闻喜不同的是,泉州话an韵母还有大量白读来源,四散于登、真、青、先等韵,如"曾、陈、亭、牵"等字。此处很明显有一个曾臻合流的过程(如表

10–15中黑框所示），但跟许多南方方言不同的是，泉州话在曾臻合流之后，一方面主元音为低a而非高ə，另一方面也不像进一步跟魂韵合流，形成曾＝尊（甚至进一步＝争）的局面，这又该如何解释？

登韵来自上古蒸部，按王力和郑张尚芳的拟音，主元音皆为非低的央元音，韵尾为-ŋ。登韵从上古到中古较为稳定，我们有理由猜测，读an是韵尾锐化和主元音低化两个音系过程的结果。但孰先孰后？

由音理可知，-ŋ锐化为-n最易由锐元音，即趋近于［＋高，＋前］的元音同化产生。实际上，an、aŋ合流在方言中并不多见。宕摄入山摄（洪音）的荆州、监利、长沙等地，也都同时存在曾（梗）臻合流。潮州话山摄的aŋ（混入唐韵文读和通江摄白读）在两百年前仍为-n尾（见李新魁1993）。闽东宁德-n尾混入-ŋ尾也是相当晚近的音变，吴瑞文、林英津（2007）因而得出共同闽东语亦为-m、-n、-ŋ尾三分的结论。因此我们认为，登韵的韵尾锐化在先，主元音低化在后。登真合流为an，漳泉潮三片相当一致，完全看不出韵尾锐化的条件，但仙游话却为我们提供了一些线索，如表10–16所示（材料来自李如龙2001，略去声调；后注"1"表示仅一字，后同）。

表10–16　仙游εŋ韵来源表

韵目＼声母	盐严深	桓删	仙元	先	庚二耕	痕	真	登	青
p组	贬1	慢1	棉	眠	孟萌	\	×	朋	瓶
t组	临1	卵1	缠	天	冷	×	陈姓	等	亭
ts组	×	×	钱	千	生争	\	肾	曾姓	×
k组	严1	×	延沿	牟肩	行动耕横宏	跟	×	糸恒紧	萤

注：个别庚摄三等字"婴、盟"未列。

比较表10–15和10–16，仙游εŋ韵跟泉州an韵在真、登、青三韵存在系统对应。莆仙方言的性质，一般认为早期属闽南方言，宋置兴化军后逐渐成为沿海过渡方言,其文白异读系统跟闽南方言接近,而声母类化现象跟闽东方言接近。因此我们推论,仙游的ɛ元音代表闽南真、登韵早期的状态,登韵-ŋ尾首先被ɛ同化为-n尾,继而与真韵合流。仙游的鼻尾韵已完全合流为-ŋ,因此ɛŋ韵的发展轨迹难以判断。

泉州话登、真韵合流后,继续发生主元音的高低易位(参见10.3.3引述的罗杰瑞1981对原始闽语元音的构拟),从而形成了今天an韵白读的主体层次,也就造成了ã、an二韵并存于白读层的现象,形成高于字音的音节结构的叠置,是音节结构层面方言融合的一个特殊表现。

闽南方言一方面靠借入文读获得了an韵母,在音节结构上"追随"权威方言;另一方面又从自身演变中重构了an韵母,在音系格局上又偏离了权威方言。这一随一离,也体现出了闽南方言演变的复杂性。

10.4.3　闽南方言的曾梗摄文读

闽南方言另一个音节结构层面发生叠置的反映是曾梗摄的ŋ和in。

在《切韵》格局下,曾臻易于合流的生理基础是:高元音舌位距唇、齿、颚皆近于低元音,因此对鼻尾的区分度比低元音低。高元音i又是锐音,更易将ŋ同化为同部位的n。从汉语史来看,上古-iŋ、-in关系密切,郑张尚芳(2003:161)曾指出:

> 黾有弭尽、母耿二切,渑有泯、缅、绳三音,偵有仓甸、七政二切,暝、零都读先、青两韵,奠谐郑通定,臣与铿、辛与驿谐声。从藏文奠ɦding、薪sjing木、臣ging仆人,错那门巴语、独龙语年niŋ看,汉语中古上述-n尾字,上古也应来自-iŋ……

汉语方言中曾(梗)臻摄关系同样密切。在吴、湘方言中,曾梗摄文读跟臻摄合流为底层韵类/əN/、/iN/;赣方言内部不甚一致,抚广片、昌靖片腹地曾臻多能区分,较大城市及其周边地区则多不能分(参见表6–2)。至少在长江流域,曾臻合流是一个较为普遍的地域特色,但合流之后,要么是前鼻尾-n,要么是后鼻尾-ŋ,二者不可能在曾臻摄及梗摄文读并存。

但闽南方言却跟其他众多曾臻合流的方言不同,其文白两层皆有-in、-iŋ对立,如表10-17、10-18。

表10-17　泉州in韵来源表

韵目 声母	深	仙	先	真	登	蒸	清	青	东
p组	品	面	眠	民 陈 鳞	×	凭	×	屏1	×
t组	×	\	怜	陈 鳞	藤1	×	×	×	×
ts组	×	\	×	肾	\	蝇 孕	×	×	×
k组	今	绢	×	紧	肯1	孕	轻重1	×	雄黄1

注:谆韵迅sin未列。

表10-18　泉州iŋ韵来源表

韵目 声母	先	殷	阳	江	登	蒸	庚二、耕	庚三、清	青	东三锺
p组	×	×	×	×	朋	冰	孟萌	明 名	冥	×
t组	×	×	×	×	藤	橙	冷	郑	鼎	中 重
ts组	千1	×	×	×	×	升	牲	城	星	众 种
k组	×	劲1	筐	虹	肯 弘	蝇	行杏横	影 婴 永 营	经萤	宫 拱

首先,真韵唇、舌、齿音跟曾梗摄形成文读层的-in、-iŋ对立,如黑框所示。曾梗摄合流的情况,除登韵文读-iŋ外与官话并无大异。其次,登蒸韵及个别梗摄字跟通摄三等形成白读层的-in、-iŋ对立,蒸韵白读的in读同真韵(有文白者读同文读),反映了闽南方言的第二次曾臻合流;蒸韵(及梗摄)文读的ŋ则

是晚近的借入,反映了闽南方言在最晚的一个层次上曾臻有别。

现将10.4.2与10.4.3所讨论的相关韵类列为表10-19,闽南方言的两次曾臻合流可一目了然(黑框为第一次、阴影为第二次)。

表10-19 泉州真、登、蒸韵读音表

真韵	闽				ban		
	民			bin			
	鳞			lin文	lan白		
	陈			tin文	tan白		
	阵			tin文			tsun白
	肾			sin文	(sian)白		
	巾						kun
	紧			kin			
登韵	崩	pŋ文				paŋ白	
	朋	pŋ文	piŋ白				
	灯		tiŋ				
	等	tŋ文				tan白	
	藤		tiŋ文	tin白			
	曾姓	tsŋ文				tsan白	
	肯		k^hiŋ文	k^hin白			
	恒		hiŋ文			an白	
蒸韵	凭		piŋ文	pin白			
	澄	tŋ	tiŋ				
	蝇		iŋ文	sin白			
	凝		giŋ文			(gian)白	
	孕			in			

闽南方言这种不同演变阶段的两种音节结构共存于同一音系、同一音节结构的两种互斥组配共存于同一音系的现象,以及由此造成的层次错位,是比字音更高层级的音节结构的叠置,同样是音节结构层面方言融合的重要表现。

第十一章　结语

在尝试对音节结构与汉语方言分合之间的密切关系进行初步讨论之后，我们深深感到，汉语的演化模式，既有类似于印欧语、反映语言共性的方面，又有不同于印欧语、折射汉语个性的方面。我们迫切希望在自己今后的研究中，实现历史语言学与社会语言学两个学科的统一、谱系分化与地域融合两种模型的统一以及科学精神与人文精神两种思维模式的统一。

11.1　历史语言学与社会语言学的统一

一个研究语言的演变，一个研究言语的变异；一个在大时空尺度深耕，一个在小时空尺度细作，历史语言学与社会语言学看似各有分工、互不相扰的两门学问。但它们又有着深刻的内在联系，这一联系的根源即在于索绪尔悖论。拉波夫（Labov 1972）这样定义索绪尔悖论：

The SAUSSURIAN PARADOX, then, is that the social aspect of language can be studied through the intuitions of any one individual, while the individual aspect can be studied only by sampling the behavior of an entire population.

译文：社会性的语言（langue）通过任意个体的直觉都能观察，但个体性的言语（parole）只有通过对全体人群（话语）行为的抽样分析才能加以研究。

那么历史语言学的索绪尔悖论是什么呢？语言演变是民族、族群层面的群体行为，而言语变异是某一社会剖面的个体行为集合，由于任何群体行为都要由个体行为推动，因而任何大尺度的语言演变都要通过小尺度言语变异的代际传递和空间扩散来实现。如图11-1所示（图中横轴的空间标尺与纵轴的时间标尺，图上比例皆取对数）。

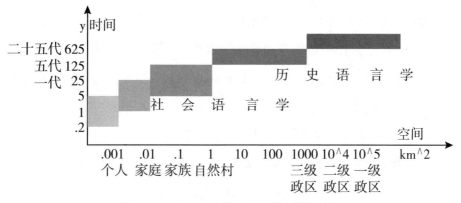

图11-1 社会语言学和历史语言学关系图

阴影越浓的区域，观察尺度越大，因此对变异的分辨率就越低，这一领域多为历史语言学的研究范围；而阴影越淡的区域，观察尺度越小，其对变异的分辨率也就越高，从而进入社会语言学的研究范围。个体的语言差异，在群体看来只是言语变异；同理，小尺度区域的语言差异，在大尺度区域看来也只是方言差异，亦即，只要不超出政治的藩篱，一切都是变异。历史语言学的索绪尔悖论，只不过是将社会语言学的索绪尔悖论加上了时间矢量，它要解决的核心问题是，变异如何由较小尺度上升到较大尺度，以及到达哪一个尺度会最终引发语言的分化或融合，即新语言的产生和旧语言的消亡。

11.2　谱系分化与地域融合的统一

若将语言比作生命，则其发展无外生、存、灭三步。在The Rise and Fall of Languages（1997）一书中，迪克森（Dixon）采用进化生物学的"顿变平衡模型"（punctuated equilibrium model）来解释语言演变，我们将其主要观点概括为：

（1）语言史是平衡期与顿变期的交替轮回，顿变期的持续时间要比平衡期短暂得多；

（2）环境变迁、技术创新、文化扩散、人口膨胀、移民拓殖等"灾变"事件是触发顿变的主因，谱系树在顿变期形成；

（3）随着顿变期的结束，已分化的语言进入漫长的平衡期，在种种社会因素的作用下，它们开始了接触、汇聚以至趋同的过程，谱系树的界限逐渐模糊。

顿变期的种种"灾变"事件，造成了语音传递在水平和/或垂直两个维度上的失真，在短时期内形成谱系树，即语言之生。在这一点上，汉语与印欧语存在共性。然而，谱系树形成之后的平衡期，汉语跟印欧语的发展状况却大相径庭。如图11-2（取自Gray and Atkinson 2003）、11-3（取自王洪君2009）。

图11-2的印欧谱系模型，作者原意在于提高安那托利亚语族在印欧语谱系中的节点地位，但这并不影响我们对印欧语分化模式的认识。各节点上，由斜线引出的数字是该节点距今的分化时间（years before present）。据图可知，现在人口较多、影响较大的印欧活语言，其语族节点分化时间，日耳曼语、罗曼语约为公元3到4世纪，斯拉夫语为公元8世纪，印度语支为公元前10世纪，伊朗语支为公元前6世纪。由语族分化为语支、语支再分化为各个子语、形成谱系树之后，印欧语进入了一个漫长的平行发展、各不相混的平衡期。在欧洲，虽有德国和意大利的长期分裂，也有奥斯曼、奥匈和俄罗斯等多民族帝国的长期

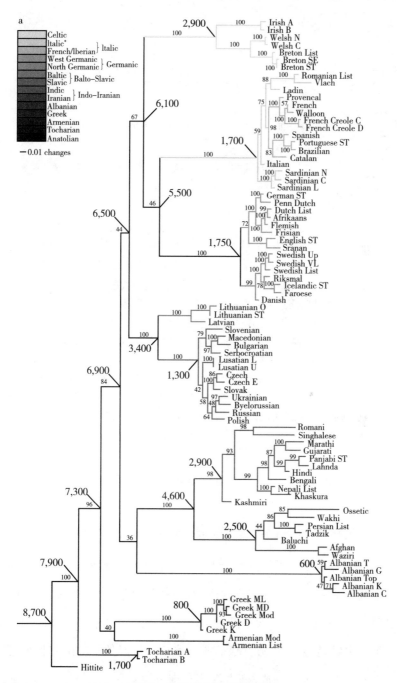

a

Celtic
Italic* } Italic
French/Iberian }
West Germanic } Germanic
North Germanic }
Baltic } Balto-Slavic
Slavic }
Indic } Indo-Iranian
Iranian }
Albanian
Greek
Armenian
Tocharian
Anatolian

— 0.01 changes

图11-2　印欧语分化模式图

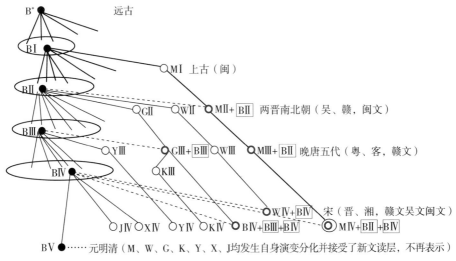

图11-3　汉语方言分化、接触模式图

符号说明：节点上的不同圆圈，实心圆表示历代通语，空心圆表示保存至今的地方方言，同心
　　　　圆表示多层叠置的地方方言。字母表示不同方言：B为北方方言、M为闽方言、W
　　　　为吴方言、G为赣方言、K为客家方言、Y为粤方言、X为湘方言、J为山西的晋南、晋
　　　　中、吕梁忻州次方言。*和罗马数字表示演变阶段的不同：*表示远古，I表示上古，
　　　　II表示两晋南北朝，III表示晚唐五代，IV表示，V表示元明清；数字带框表示文读层
　　　　（北方权威方言的音类及音值都经过了方言音系的折合）。实线连接单个音系自
　　　　身创新演变的先后阶段，虚线连接外来文读音系的原点和地方方言。

存在，但民族国家观念仍是主导的意识形态，因此谱系分化的状况会长期保持
稳定。

　　汉语则不然。从图11-3可知，汉语的发展一方面包括不同时代的北民南
迁、北语南化，另一方面还包括各个大一统朝代的中央权威方言以及不同区域
层级的地域权威方言对南方方言的影响。特别是在宋代现代汉语大方言雏形
形成之后，又经过了中央集权不断加强的元明清三代。宋亡至今的七百余年，
民族关系的主题是整合：一方面汉族本身完成了最晚的一次南北整合，另一方
面北方汉族与北方少数民族、南方汉族与南方少数民族由于自然混居或改土
归流又开始了新一轮的整合。因此，在谱系树形成之后的平衡期，由大一统的

意识形态驱动,汉语在内部与外部两大范围,在不同时空尺度与不同结构层级,都在发生深刻的融合。其结果,是旧的民族或族群关系被全面推平,谱系树逐步消解。

11.3 科学精神与人文精神的统一

作为经典力学理论基础的牛顿第一定律认为(引自马文蔚2006:27):

> 任何物体都要保持其静止或匀速直线运动状态,直到外力迫使它改变运动状态为止。

亦即,任何物体都具有保持其运动状态不变的性质,即惯性。欲使其变,必施以力。那么语言演变的动力是什么呢?

我们感到,社会因素所决定的语言态度是语言演变最重要的动力来源。政治、经济、文化等诸多方面的权势关系,左右着人们的语言态度,决定着语言的习得方向。从微观来看,是个体的言语变异;而上升到宏观,就是族群的语言演变。亦即,语言演变的根源在其社会属性,须以人文精神加以体察。

习得方向一旦确定,就进入两个语言系统之间的接触,其过程和结果要受到音系距离与接触程度的双重制约。接触程度较浅时,内外层次最有可能发生叠置,古代由于文传教习带来的间接接触即属此类。叠置的规模又由音系距离左右,音系距离越近,叠置规模越小,如西南官话;音系距离越远,叠置规模越大,如闽南方言(参看10.4)。

在接触程度较深的自然混居状态,则往往出现双语,并随着代际积累向单语转换,移民语言常常是这种情况。现代有声媒体的出现使语音的跨时空传递成为可能,大大降低了语言学习的成本、提高了语言习得的效率。在这一条件下,方言接触可以绕开叠置,直接向普方双语、普通话单语以至中外双语演进。

可见,语言演变的过程和结果根源于语言的自然属性(包括语言结构和传播条件),须以科学精神加以度量,如表11-1。

表11-1　社会属性与自然属性在语言演变中的作用

社会属性——人文精神			→	自然属性——科学精神		
语言态度	→	习得方向		习得过程	→	习得结果

音系距离\接触程度	浅[文传教习]	一般	深[自然混居]		很深
近	少量叠置(西南官话)	各种	不叠置 (双语)		语言替换 (单语)
一般	较多叠置(晋语)	过渡			
远	大量叠置(闽南方言)	状态			

历史语言学与社会语言学的统一是学科发展的总体趋势,谱系分化与地域融合的统一是方言研究的必然要求,而科学精神与人文精神的统一是学术精神的美好愿景。不仅是语言学,在未来的三五十年,人工智能、自动控制、基因工程、环境工程等前沿学科都会将核心问题转向人本身。

在一个全球化日益加剧、国际竞争日益白热化的时代,如何使汉语成为提高国家核心竞争力的重要手段,如何从汉语史上的兴衰更替中寻找汉语未来的发展方向,这是我们今后应该深入思考的问题。

参考文献

一 专著

鲍厚星2006 《湘方言概要》,湖南师范大学出版社

鲍明炜、王均2002 《南通地区方言研究》,江苏教育出版社

曹树基1997 《中国移民史》,第五卷(明时期),福建人民出版社

陈昌仪2005 《江西省方言志》,方志出版社

陈 晖2006 《湘方言语音研究》,湖南师范大学出版社

陈有恒1991 《鄂南方言志略》,内部出版

———主编2002 《鄂东南方音辨正》,中国地质大学出版社

何大安2004 《规律与方向:变迁中的音韵结构》,北京大学出版社

贺凯林1999 《溆浦方言研究》,湖南教育出版社

黄群建1994 《通山方言志》,武汉大学出版社

———1995 《阳新方言志》,中国三峡出版社

———主编2002 《鄂东南方言音汇》,华中师范大学出版社

湖北省方志编纂委员会1997 《湖北省志·地理志》,湖北人民出版社

湖北省监利县县志编纂委员会1994 《监利县志》,湖北人民出版社

李如龙、张双庆1992 《客赣方言调查报告》,厦门大学出版社

李如龙2001 《福建县市方言志12种》,福建教育出版社

林连通1993 《泉州市方言志》,社会科学文献出版社

林焘、耿振生1997 《声韵学》,台湾三民书局

刘纶鑫1999 《客赣方言比较研究》,中国社会科学出版社

马文蔚改编2006 《物理学》,第五版,高等教育出版社

宁继福1985 《中原音韵表稿》,吉林文史出版社

彭泽润1999 《衡山方言研究》,湖南教育出版社

钱乃荣1997 《上海话语法》,上海人民出版社

桥本万太郎1985 《语言地理类型学》,余志鸿译,北京大学出版社

孙宜志2007 《江西赣方言语音研究》,语文出版社

谭其骧主编1996 《中国历史地图集》,中国地图出版社

汪国胜1994 《大冶方言语法研究》,湖北教育出版社

王福堂1999/2005 《汉语方言语音的演变和层次》,语文出版社

王洪君1999/2008 《汉语非线性音系学》,北京大学出版社

吴松弟1997 《中国移民史》,第四卷(辽宋金元时期),福建人民出版社

谢留文、沈明2008 《黟县宏村方言》,中国社会科学出版社

辛世彪2004 《东南方言声调比较研究》,上海教育出版社

徐通锵1991 《历史语言学》,商务印书馆

杨焕典1998 《广西通志·汉语方言志》,广西人民出版社

游汝杰2004 《汉语方言学教程》,上海教育出版社

袁家骅1960 《汉语方言概要》,文字改革出版社

张光宇1996 《闽客方言史稿》,台湾南天书局

张修桂2006 《中国历史地貌与古地图研究》,社会科学文献出版社

赵日新2003 《绩溪方言词典》,江苏教育出版社

赵元任等1948 《湖北方言调查报告》,商务印书馆

Dixon, Robert 1997 The Rise and Fall of Languages, Cambridge University Press

Duanmu, San 2008 Syllable Structure: The Limits of Variation, Oxford University Press

Kager, René 1999 Optimality Theory, Cambridge University Press

二 论文

鲍厚星1989 《湖南邵阳方言音系》,《方言》第3期

鲍厚星、陈晖2005 《湘语的分区(稿)》,《方言》第3期

曹树基1990 《湖南人由来新考》,《历史地理》第9辑

陈保亚2005 《语言接触导致汉语方言分化的两种模式》,《北京大学学报(哲学社会科学版)》第2期

陈立中1996 《古透定纽擦音化现象与百越民族》,《湘潭大学社会科学学报》第3期

———2004 《论湘鄂赣边界地区赣语中的浊音走廊》,《汉语学报》第2期

———2005 《论湘语、吴语及周边方言蟹假果遇摄字主要元音的连锁变化现象》,《方言》第1期

丁邦新1982/1998 《汉语方言分区的条件》,收于《丁邦新语言学论文集》,商务印书馆

古屋昭弘1992 《〈正字通〉和十七世纪的赣方言》,《中国语文》第5期

何大安2007 《音韵史研究的三个层次》,北京大学中国语言学暑期高级讲习班学术讲座(未刊)

华建胜2007 《〈正字通〉音注的音系探析》,厦门大学硕士论文

姜 松1993 《鄂东南方言初探》,北京大学硕士论文

金有景1982 《关于浙江方言中咸山两摄三四等字的分别》,《语言研究》第1期

李冬香2007　《从音韵现象看赣语、湘语的关系》,《语言研究》第9期

李　佳2006　《汉语方言的开合互易及成因初探》,北京大学硕士论文

——2009　《略论闽南方言的曾臻合流》,《现代语文》第8期

李　军2009　《二十世纪二十年代的江西高安方音》,《方言》第3期

李小凡2005　《汉语方言分区方法再认识》,《方言》第4期

李新魁1993　《两百年前的潮州音》,《广东社会科学》第1期

刘晓南2008　《宋代四川方音概貌及"闽蜀相近"现象》,《语文研究》第2期

刘兴策1998　《近百年来湖北省汉语方言研究综述》,《方言》第3期

刘泽民2004　《客赣方言历史层次研究》,上海师范大学博士论文

鲁国尧1992/2008　《宋元江西词人用韵研究》,收于《语言学文集:考证、义理、
　　辞章》,上海人民出版社

罗常培1933/2004　《释内外转》,收于《罗常培语言学论文集》,商务印书馆

梅祖麟2001　《现代吴语和"支脂鱼虞,共为不韵"》,《中国语文》第1期

彭建国2006　《湘语音韵历史层次研究》,上海师范大学博士论文

沈钟伟2007　《语言转换和方言底层》,收于《历史层次与方言研究》,丁邦新
　　主编,上海教育出版社

石泉、张国雄1988　《江汉平原的垸田兴起于何时》,《中国历史地理论丛》第
　　1期

孙宜志等2001　《江西境内赣方言区述评及再分区》,《南昌大学学报(人文社
　　会科学版)》第2期

谭其骧1931/1987　《湖南人由来考》,收于《长水集》,人民出版社

王洪君1999　《从开口一等重韵的现代反映形式看汉语方言的历史关系》,
　　《语言研究》第1期

——2009　《兼顾演变、推平和层次的汉语方言历史关系模型》,《方言》第3期

吴瑞文、林英津2007　《闽语方言辅音韵尾今读的历史分析》,《中国语文研究》

第1期

项梦冰2007 《汉语方言的分组和官话方言的界定》,《语言学论丛》第35辑,
　　商务印书馆

谢留文1999 《重读〈临川音系〉》,《方言》第3期

———2006 《赣语的分区（稿）》,《方言》第3期

辛世彪1999 《赣方言声调的演变类型》,《暨南学报（哲学社会科学版）》
　　第3期

熊　燕2004 《客赣方言语音系统的历史层次》,北京大学博士论文

熊正辉　1990 《官话区方言分ts tʂ的类型》,《方言》第1期

徐通锵1996 《"阴阳对转"新论》,收入《汉语研究方法论初探》,商务印书馆

颜　森1990 《赣语及其抚广片的若干特点》,《江西师范大学学报（哲学社会
　　科学版）》第4期

游汝杰2008 《吴语蟹摄一二等不带–i尾是否上古音遗存》,收于《吴语论丛》
　　第4辑,上海教育出版社

张光宇1999 《东南方言关系综论》,《方言》第1期

张国雄1989 《江汉平原垸田的特征及其在明清时期的发展演变》,《农业考
　　古》第1、2期

张　琨1983 《汉语方言中鼻音韵尾的消失》,《史语所集刊》第54本第1分,台
　　湾史语所

张贤豹1985 《〈切韵〉纯四等韵的主要元音及相关问题》,《语言研究》第2期

郑张尚芳2002 《方言介音异常的成因及e > ia、o > ua 音变》,《语言学论丛》
　　第26辑,商务印书馆

Belvins 1995　Syllable in Phonological Theory, The Handbook of Phonological
　　Theory, edited by John A. Goldsmith, Blackwell

Crothers 1978　Typology and Universals of Vowel Systems, Universals of Human

Language, edited by Joseph H. Greenberg, Stanford University Press

Gray and Atkinson 2003　Language Tree Divergence Times Support the Anatolian Theory of Indo–European Origin. Nature 426: 435–439.

Labov, William 1972　Some Principles of Linguistic Methodology, Language in Society, 1: 97–120, Cambridge University Press

Levelt et al 1999　A Developmental Grammar for Syllable Structure in the Production of Child Language, Brain and Language 68, 291–299

Norman, Jerry 1981　The Proto–Min Finals,《国际汉学会议论文集·语言文字组》,台湾"中研院"

后　记

这本小书是我在京求学七年的一个总结。在众多热爱语言和语言学的人当中,我无疑是非常幸运的,在我最感兴趣的汉语方言学和印欧语言学领域,能得到国内最为权威的指导:跟王洪君老师学习音系学和语音演变的宏观规律,跟李小凡、项梦冰老师调查汉语方言的微观事实,跟王超贤老师学习梵巴、蒙藏、日朝……还有陈保亚、孔江平、孙玉文等诸多恩师,感谢你们,陪我度过人生中最美好的时光。

2010年博士毕业,我有幸进入武大文学院,开始承担"社会语言学"等课程的教学任务,并参与赵世举、冯学锋等老师创办的《中国语情》和语情中心的相关工作。这些工作不仅让我学有所用,更为我提供了参与国家层面语言文字工作的机会,从某种意义上讲,实现了我的家族几代人读书、报国的理想。借此机会,要向武大的众多师友表达由衷的谢意!

从理论到应用,从符号到社会,其实问题更复杂,也更棘手。以普方关系为例,一方面是方言式微带来的文化流逝,另一方面是方言情绪隐含的人群之争,取舍之间,谈何容易! 近年来,部分沿海城市方言开始进入公共领域,幼儿园和中小学也开始教授当地方言,是喜是忧,莫衷一是。

一时代有一时代之风气,方言变体之间的进退消长也是时势所致、风气使然。惟愿我们的学界、政界乃至全社会,在通过方言进行文化自省时,勿忘那些用通语记录的浩如烟海的典籍,才是我们民族度尽沧桑却历久弥坚的根基。

最后要感谢中华书局对这本小书的厚爱,感谢责任编辑张可老师的辛勤付出,感谢和怀念武汉、北京等地的亲人们。

著者谨识

丁酉三月于武昌